SCHLEICHENDER

# BLACKOUT

Valentina Kerst — Fedor Ruhose

# SCHLEICHENDER BLACKOUT

## Wie wir das digitale Desaster verhindern

DIETZ

**Bibliografische Information der Deutschen Nationalbibliothek**

Die Deutsche Nationalbibliothek verzeichnet
diese Publikation in der Deutschen Nationalbibliografie;
detaillierte bibliografische Daten sind im Internet
über *http://dnb.dnb.de* abrufbar.

ISBN 978-3-8012-0658-1 [Printausgabe]
ISBN 978-3-8012-7048-3 [E-Book]



Umschlag: Birgit Sell, Köln
Satz: Rohtext, Bonn
Druck und Verarbeitung: Bookpress, Olsztyn


Printed in Poland 2023

# Inhalt

# Einleitung

Die Ziele sind ehrgeizig. Deutschland soll endlich einen digitalen Aufbruch erleben. Dafür ist wichtig, dass auch der Staat digital wird. Nicht nur die an vielen Stellen bemühten Lehren aus der Corona-Pandemie zeigen deutlich, wo unsere Aufgaben liegen. Für Bürger:innen geschlossene Verwaltungen, Schulen, die mit Hochdruck Distanzunterricht in digitaler Form aufbauen mussten, Unternehmen, die unter dem schleppenden Aufbau digitaler Infrastruktur litten. All das zeigt sehr deutlich, dass wir in Deutschland Schritte gehen müssen, digitale Anwendungen zu nutzen.

Doch bisher gilt: Deutschland digitalisiert sich ohne Sinn und Verstand. In Staat und Verwaltung wird vor allem das seit Jahrzehnten gebräuchliche Verwaltungsmodell »elektrifiziert«: Die ehrgeizigen Vorgaben des Onlinezugangsgesetzes (OZG), dass in Deutschland alle staatlichen Leistungen digital verfügbar sein sollen, ist gerade erst an der Realität zerschellt. Sein Absolutheitsanspruch hat im Ergebnis dazu geführt, dass die Bürger:innen zum Stichtag nur eine Handvoll Leistungen flächendeckend digital nutzen können. Auf solchen Wegen wird Digitalisierung aber zum Selbstzweck, es wird digitalisiert um der Digitalisierung willen. Wenn wir den Weg einer ungesteuerten Digitalisierung nicht in einen Pfad der gesamtgesellschaftlichen digitalen Transformation verwandeln, gerät Deutschland weiter ins Hintertreffen und unser Wohlstandsmodell in Gefahr. Am Ende stehen die Abhängigkeit von großen Tech-Konzernen und die Aushöhlung der digitalen Daseinsvorsorge. Diese Abhängigkeit kann dazu führen, dass wir die Kontrolle abgeben und am Ende auch unsere Demokratie Schaden erleidet. Dann beschreiten wir den Weg eines schleichenden Blackouts aufgrund fehlender Digitalisierung. Wir müssen die 2020er-Jahre zur digitalen Transformation unseres Staates nutzen.

Wir nutzen den Begriff Blackout – oder Schwarzfall – in Bezug auf Fehlentwicklungen bei der Digitalisierung mit Bedacht. Natürlich kommt er aus der Diskussion um unsere Stromversorgung. Blackout beschreibt in der Definition der Bundesnetzagentur ein unkontrolliertes und unvorhergesehenes Versagen von Netzelementen. Die Folge ist, dass größere Teile oder das gesamte Netz ausfallen. Auch wenn die Bundesregierung solche Katastrophenszenarien mit guten Argumenten für unbegründet hält, setzt die neue Weltlage neue Sorgen bei den Menschen frei. Das gilt erst recht für eine digitaler werdende Welt. Daher müssen wir uns über die Abhängigkeiten von Strukturen klar werden und uns mit Lösungen beschäftigen.

Schleichender Blackout mutet zunächst widersprüchlich an. Wir drücken damit aber aus, dass wir uns aktuell auf einem Pfad befinden, auf dem wir – ähnlich unserer Versorgung – lange nicht merken werden, welche strukturellen Probleme bestehen, um dann vor einem unkontrollierten und unvorhergesehenen Versagen unserer digitalen Anwendungen oder Infrastrukturen zu stehen, und zwar unvermittelt und unvorbereitet.

Sich zu rüsten, ist daher wichtig, Probleme anzusprechen und Strategien zu entwickeln essenziell für unsere gesellschaftliche *Resilienz*. Dieses Wort ist aktuell in aller Munde. Wir verstehen darunter unsere gemeinsame Fähigkeit, Krisen nicht nur zu überstehen, sondern uns als Gesellschaft neuen Begebenheiten und Situationen anzupassen und unsere Abwehrmechanismen so aufzustellen, dass wir Veränderungsprozesse auch aktiv gestalten können. Resilienz, der Begriff aus der Psychologie entliehen, beschreibt den Prozess, mit dem Menschen erfolgreich auf Veränderungen oder unerwartete Probleme reagieren und dass sie ihr Verhalten anpassen. In jüngeren Forschungen über die Resilienz von Gesellschaften (instruktiv Brunnermeier 2021) wird dieses Konzept auf Gemeinschaften und den Staat übertragen.

Es wird immer deutlicher, dass die Digitalisierung alle Bereiche des Lebens betrifft. Auf dem Weg in die digitale Gesellschaft stellen uns verschiedene Trends heute die Aufgaben, zu resilienten Strukturen zu kommen. Staat, Wirtschaft und Zivilgesellschaft müssen Abwehrmechanismen entwickeln, damit wir Krisen abfedern und gestärkt aus ihnen hervorgehen können. Das ist eine große Aufgabe, vor allem, weil bei der Digitalisierung zugleich gilt, dass ein Blackout sowohl wegen zu wenig Digitalisierung als auch wegen zu viel Digitalisierung entstehen kann. Wir stehen also an einer Weggabelung: Blackout oder Take-off?

Darum geht es in diesem Buch:

Unsere **staatliche Verwaltung** muss sich digital transformieren, um mit dem wirtschaftlichen und gesellschaftlichen Fortschritt mitzuhalten. Als digitale Transformation beschreiben wir die vielfältigen Wandlungsprozesse, denen sich Staat, Wirtschaft und Gesellschaft gerade an allen Ecken und Enden gegenüberstehen. Dabei ist die Transformation, also der Wandel unserer Arbeitsweise und Produktionsstrukturen, für sich bereits eine Herausforderung. Hinzu kommt die Digitalisierung, die ein eigener starker Auslöser für Veränderungen in diesen Bereichen ist. Besonders in dieser Kombination sind wir gefordert, kluge und effektive Antworten zu finden. Alternativ droht ein Blackout, weil wir das nicht schaffen und uns in schwierige Abhängigkeiten von anderen Ländern und wenigen mächtigen Unternehmen begeben, die die Tech-Märkte beherrschen. Sprich: Die aktuell dominierenden amerikanischen Unternehmen wie Alphabet (vormals Google), Meta (vormals Facebook), Microsoft, Amazon und Apple haben eine so starke technologische Dominanz entwickelt, dass kaum eine:r an ihnen vorbeikommt. Eine Verwaltung auf digitaler Augenhöhe mit den Tech-Unternehmen ist zentral, um unsere Demokratie zu sichern, auch im Kontrast zu digitaldespotischen Ländern. Dabei sind wir uns bewusst, dass es sich hier um zwei »Fronten« handelt, die selten zusammen betrachtet und für welche kaum Lösungsansätze erarbeitet werden. Dennoch: Zu wenig Digitalisierung, wie wir sie im Jahr des Erscheinens dieses Buches leider noch vorfinden, führt unmittelbar in das digitale Desaster. Die Frage, wie wir dies verhindern, nimmt daher auch viel Raum ein. Denn die Wirtschaft und unsere Gesellschaft sind darauf angewiesen, dass wir Tempo aufnehmen und mit Qualität digitalisieren. Gleichzeitig zeigen uns Ereignisse wie die russische Einflussnahme auf den amerikanischen Präsidentschaftswahlkampf oder der Hackerangriff auf den Deutschen Bundestag, wie ausgesetzt unser demokratisches Staatswesen den negativen Seiten der Digitalisierung ist. Wollen wir nicht die Auswirkungen erleben, die mit einem erfolgreichen Angriff einhergehen und die einige deutsche Kommunen auch schon durchleiden, müssen wir den Staat in die Lage versetzen, Krisen zu antizipieren und auf Unvorhergesehenes so zu reagieren, dass soziale Verwerfungen vermieden werden. Wir müssen ihn also resilient aufstellen.

Unsere **Gesellschaft** hat enorme Vorteile von den digitalen Möglichkeiten. Kommunikation, gesellschaftliches Miteinander und zivilgesellschaftliches Engagement profitieren immens von digitalen Tools, sozialen Medien und der Möglichkeit, sich in Echtzeit über komplexe Datenmengen auszutauschen. Wenn wir hier nicht Schritt halten und diese neuen Formen des Zusammenlebens fördern, werden sich negative Tendenzen wie Einsamkeit in alternden Gesellschaften verschärfen und gleichzeitig neue Chancen für einen resilienten Umgang in Krisen- und Katastrophenlagen nicht ausgeschöpft. Unser Ziel sollte es sein, dass wir die Menschen dazu befähigen, das Internet für positive, zusammenbringende Projekte zu motivieren. Gleichzeitig führt das veränderte Medienverhalten zu neuen Konflikten und an manchen Orten in den sozialen Medien zur Rückkehr in archaische Gesellschaftsformen. Aus dem Mitmach-Internet ist eine Enttäuschung erwachsen, die vielerorts sogar dazu führt, dass sie politisch und gesellschaftlich nicht mehr gestaltet werden kann oder möchte. Dies hat Gründe, die sich durch unterschiedlichste Aspekte der letzten Jahre ergeben haben, auf die wir in diesem Buch ebenfalls eingehen werden. Auch hier droht die Gefahr eines Blackouts aus zwei Richtungen. Gleichzeitig diskutieren wir zu wenig über die neuen Möglichkeiten des technischen Fortschritts. Wir leben in exponentiellen Zeiten. Informationen zu jeglichen neuen Entwicklungen erreichen uns nicht mehr in Tagen, sondern in wenigen Minuten. Jede neue Information erfordert eine neue Beurteilung der Lage. Entwicklungen wie Künstliche Intelligenz oder Unabhängigkeitsstrategien für Rohstoffe müssen auch ethisch bewertet werden. In unserer alternden Gesellschaft findet sich der Dualismus insbesondere bei der Gestaltung eines digitalen Gesundheits- und Pflegewesens. Wie ungleich größer ist das Potenzial für unser Zusammenleben, wenn wir Digitalisierung zur Entlastung in diesen zentralen Bereichen einsetzen. Gleichzeitig zeigt der Blick nach China, wie digitale Tools helfen, Gesellschaften über soziale Metriken zu kontrollieren. Findet hier also eine Durchdringung ohne Sinn und Verstand statt, droht ebenfalls eine digitale Katastrophe – und zwar für die ganze Gesellschaft.

In unserer **Wirtschaft** bildet sich ein ähnlicher Dualismus ab: Die Potenziale der Industrieproduktion der Zukunft hängen in der Wissensgesellschaft klar davon ab, wie gerade der deutsche Mittelstand seine Geschäftsmodelle in die digitale Moderne transformieren kann. Wo dies nicht oder auch nur nicht schnell genug geschieht, drohen der Verlust von Wohlstand und das Ende deutscher Erfolgsgeheimnisse. Der deutsche Internetknotenbetreiber DE-CIX hat in einer Umfrage herausgefunden, dass die Einschränkungen durch schlechte Internetverbindungen durchschnittlich 46 Minuten in der Woche betragen. Was sich zunächst nach recht wenig anhört, summiert sich allerdings in einem Jahr auf 35 Stunden und damit auf eine komplette Arbeitswoche. Insbesondere betrifft dies Menschen, die klassische Bürotätigkeiten durchführen. Hochgerechnet kann hier ein fünfstelliger Verlust pro Jahr für ein mittelständisches Unternehmen zusammenkommen. Ein Blackoutszenario droht in unbekanntem Ausmaß. Wer aber digital aufgestellt ist, kämpft mit Bedrohungslagen entlang seiner gesamten Wertschöpfungskette, die aufgrund der Digitalisierung entstehen. Gezielte Angriffe im Cyberraum über einfache Ausfälle der digitalen Netze schon in kleinen Bereichen sind hier Szenarien, die sehr starke Auswirkungen auf einzelne Unternehmen und ganze Branchen haben. Sind auch noch zentrale Stellen in der Wirtschaft betroffen, dann zeigt sich unmittelbar, wie verletzlich unsere vernetzte Wirtschaft mittlerweile geworden ist. Das ist die dramatische Kehrseite digitaler Erfolge in einer global agierenden Wirtschaft.

Sozusagen als verbindendes Element unserer digitalen Gesellschaft müssen die digitalen **Infrastrukturen** den Anforderungen der digitalen Moderne genügen. Wie wichtig diese Lebensadern für unsere Gesellschaften sind, hat die Corona-Pandemie wie unter dem Brennglas gezeigt. Regionen ohne schnelles Internet haben schwieriger in den Pandemiemodus finden können als andere, die infrastrukturell besser ausgestattet waren. Gleichzeitig nimmt die Bedeutung der Netze für die Lebensqualität zu und unter Gesichtspunkten der Sicherung gleichwertiger Lebensverhältnisse muss hier ein Schwerpunkt gesetzt werden. Sonst ist man im Blackout, weil gar nichts vorhanden ist, was ausfallen könnte. Umgekehrt zeigt sich bei Naturkatastrophen oder gezielten Angriffen, was passiert, wenn das Internet nicht mehr funktioniert, alle Kommunikationswege gestört und die digitalen Anwendungen nicht mehr eingesetzt werden können.

Darauf die richtigen Antworten zu finden, bedeutet, zwischen dem technisch Machbaren und dem gesellschaftlich Erwünschten die richtige Balance zu finden:

- Zwischen den Möglichkeiten, die der Einsatz von Künstlicher Intelligenz verheißt, und der Angst vor der Mensch-Maschine.
- Zwischen der Goldgräberstimmung der Datenökonomie und den Schranken des Datenschutzes.
- Zwischen neuen digitalen Abhängigkeiten und digitaler Souveränität, also einer selbstbestimmten Nutzung der digitalen Möglichkeiten.

Damit das gelingt, müssen wir aus bisherigen Fehlern lernen, manche eingeschlagenen Pfade verlassen und uns strategisch besser aufstellen.

# 1.
# Deutschland auf dem Weg in den schleichenden Blackout

Deutschland läuft Gefahr, in einen schleichenden Blackout zu geraten. Als eine hoch differenzierte Gesellschaft ist eine funktionierende und gute Verwaltung unsere Basis, die unser Zusammenleben strukturiert und wichtige Funktionen auch für unsere wirtschaftliche Entwicklung hat. Diese Aufgabe wird in Krisensituationen wichtig, und wir merken oft erst, wie zentral eine funktionierende öffentliche Verwaltung ist, wenn sie nicht funktioniert.

Und obwohl wir aus einem Jahrzehnt der Entstaatlichung kommen, wie Peter Bofinger (2009) die Nuller-Jahre des 21. Jahrhunderts bezeichnete, sind die Ansprüche von uns an den Staat und die dort arbeitenden Menschen besonders hoch, wenn nicht gar aufgrund der aktuellen Krisen noch gewachsen. Wenn schon eher neoliberal argumentierende Institutionen wie der Nationale Normenkontrollrat (2021: 1) festhalten, dass »(o)hne eine kluge Politik und eine leistungsstarke Verwaltung ... dauerhaft kein Staat zu machen (ist)«, zeigt sich, wie wichtig die Funktionsfähigkeit unserer staatlichen Institutionen ist.

Nun stehen wir vor einem schleichenden digitalen Blackout: Anspruch und Realität klaffen in der digitalen Transformation weit auseinander. Auch wenn Deutschland heute immer noch zurecht beneidet wird um seine leistungsstarke Verwaltung, merken wir mit den Diskussionen um neue staatliche Leistungen und Krisenreaktionen, dass hier ein System an seine Leistungsgrenze stößt. So geschehen beim Bürgergeld Ende des Jahres 2022. Um die fristgerechte Auszahlung zum Jahresbeginn 2023 noch zu gewährleisten, musste innerhalb von wenigen Tagen der Vermittlungsausschuss, der aus jeweils 16 Mitgliedern von Bundestag und

Bundesrat besteht, zusammenkommen, damit die Änderung nicht gefährdet wird. Dieser Prozess ist zwar machbar, läuft jedoch der Idee, dass Gesetze mit Bedacht ausgearbeitet werden sollen, diametral entgegen.

Bei der Ausweitung des Wohngelds auf eine größere Bezugsgruppe zeigte sich ebenfalls zum Jahreswechsel 2022/2023, wie schnell durch fehlende digitale Anwendungen ein digitaler Blackout entsteht. Die notwendige Software konnte nicht rechtzeitig fertiggestellt werden, weshalb den Verwaltungsmitarbeitenden in der Abwicklung der Verwaltungsinfarkt drohte.

## Der Weg in die digitale Moderne – und warum Deutschland ihn nicht findet

Die Krisen der letzten Zeit zeigen immer mehr, dass wir die Möglichkeiten der Digitalisierung nicht nur nicht nutzten. Viel schlimmer: In Deutschland werden Regeln verkompliziert. Mit der neuen Art der Arbeitswelt kommen auf staatlicher Ebene nur wenige zurecht, und nicht nur das genannte Beispiel Wohngeld zeigt, dass wir oftmals die falschen finanziellen Prioritäten setzen. Kurz: Die Digitalisierung hat noch nicht Einzug gehalten in alle Amtsstuben, und, während unser alltägliches Leben schon fast postdigital ist, kämpfen die staatlichen Bediensteten mit Faxen und Papierformularen. Dabei schwingt die Sorge mit, dass staatliches Handeln am Ende nicht ausreichend belegt sein könnte, wenn alles ausschließlich digital vonstatten geht. Es sind aber auch verwaltungsinterne Abläufe, die zu einem digitalisierungsunfreundlichen Umfeld führen. Der Preis für diese Entwicklung wird immer höher. Unsere Strukturen verbrauchen Ressourcen, die wir nicht mehr haben – weder finanziell noch technisch und erst recht nicht demografisch. Digitaler Blackout ist der Moment, an dem staatliches Handeln zum Erliegen kommt, weil wir diese Hemmnisse nicht abschalten. Er erfolgt schleichend, weil wir bis zum heutigen Tag viele Weichen falsch gestellt haben und die Auswirkungen nicht unmittelbar sichtbar sind.

In den Städten und Gemeinden führen die aktuellen Problemlagen bereits zu sinkendem Vertrauen. So hat der Branchenverband Bitkom im

Jahr 2022 ermittelt, dass 27 Prozent der Bürger:innen die digitale Aufstellung ihrer Gemeinden als »völlig rückständig« empfinden. Weitere 37 Prozent sind der Auffassung, dass sie dabei »eher rückständig« sind. Wie wichtig aber das Vertrauen der Menschen in die Funktionsfähigkeit des Staates ist, wissen wir aus der Gesellschaftsforschung (Decker et al. 2019). Die Nachfrage nach staatlichen Leistungen ist seit Jahren stabil, wie sich in kontinuierlich erhobenen Meinungsbildern zeigt. Wenn Politik die missachtet, schwindet auch der Rückhalt der etablierten Parteien (Mielke/Ruhose 2021). Für das Zusammenleben und den Erhalt des wichtigen Wettbewerbsvorteiles »deutsche Verwaltung« ist die Verhinderung des digitalen Blackouts zentral und für den Erhalt unserer stabilen Demokratie ebenfalls.

Die EU fragt in ihren Mitgliedsländern regelmäßig, wie dort staatliche Dienstleistungen online abrufbar sind. Dabei schaut sie sich an, wie nutzerfreundlich und transparent die Behörden kommunizieren. Gleichzeitig steht hier natürlich im Mittelpunkt, wie grenzüberschreitende Mobilität auch bei digitalen staatlichen Leistungen gewährleistet wird – für ein Land wie Deutschland, welches auf Zuwanderung angewiesen ist, eine wichtige Kategorie. Es verwundert nicht, dass auch hier kein vorderster Platz belegt wird. Wie sollte er auch, wenn wir im Wettbewerb stehen mit Malta, Schweden und Estland – die drei erstplatzierten Ländern. Mal wieder.

Hier zeigt sich aber auch, dass Vergleiche nur bedingt Sinn ergeben. Natürlich haben die baltischen Länder nach dem Fall des Eisernen Vorhangs und aufgrund ihrer geringen Größe besondere Anstrengungen machen können. Sie profitieren dabei gleichzeitig von deutscher Technik wie dem BSI-Grundschutz für IT-Sicherheit. Deutschland muss also auf andere Länder schauen, um besser zu werden. Es braucht aber einen eigenen Weg, der aus bisherigen eigenen Erfahrungen lernt und auf die Besonderheiten des föderalen Systems eingeht. Eine »Blaupause« Estland wird keinen Erfolg haben. Um diesen eigenen Weg im europäischen Kontext zu finden, muss aber zunächst eine ehrliche Bestandsaufnahme erfolgen.

Eine solche Bestandsaufnahme zeigt deutlich, mit wie vielen verschiedenen Krisen wir als moderne Gesellschaft allein seit der Jahrtausendwende zu kämpfen hatten. Und immer wieder sind wir gut aus der Krise herausgekommen. Zu nennen sind die Probleme mit der Arbeitslosigkeit, die den damaligen »Chefökonom« Hans-Werner Sinn (2003) fragen ließen, ob Deutschland noch zu retten sei. Auch wenn damals (2004) Peter Bofinger schon sehr weitsichtig auf die wirkliche Situation hingewiesen hat, verbleiben in der öffentlichen Wahrnehmung die Krisentendenzen der deutschen Standortdebatte (dazu kritisch Hickel 1998). Einschneidend für unsere wirtschaftliche Entwicklung war auch die Krise auf den Finanzmärkten und in den südlichen Euroländern in der Zeit ab 2009 (Tooze 2018).

Seit 2015 sind wir nun im permanenten Krisenmodus angelangt: Zunächst die Zunahme der Fluchtbewegungen über die Balkanroute, die uns organisatorisch vor große Herausforderungen stellten. Nahtlos, so scheint es, schließen sich Großkrisen an: zunächst die Corona-Pandemie seit Beginn des Jahres 2020 und dann die sozialen Verwerfungen in Folge des russischen Angriffs auf die Ukraine, verbunden mit der Infragestellung unseres Energieregimes. Die in der öffentlichen Aufmerksamkeit und der Politik unterliegenden Großkrisen wie Klimawandel, digitale Transformation und demografischer Wandel beschleunigen sich durch diese Ad-hoc-Krisen. Mit jeder Krise, so scheint es, brauchen wir mindestens einen unserer Joker als Reaktion. Bislang konnten verantwortungsvolle Politik, starke Verwaltung, engagierte Zivilgesellschaft zusammenarbeiten und auf die notwendigen finanziellen Ressourcen zurückgreifen. Wie lange diese Kriseninstrumentarien noch zur Verfügung stehen, hängt von der Dauer der Krisen ab. Es ist aber heute schon sichtbar, dass die digitale Transformation in naher Zukunft den Druck erhöhen wird. Gleichzeitig bietet sie so viel Potenzial, anderen Krisen widerstandsfähiger, *resilient* gegenüberzutreten.

Dafür brauchen wir aber auch ein grundlegendes Verständnis dessen, was die Vorteile digitaler Lösungen grundlegende Voraussetzungen brauchen, um wirksam zu werden. So hängen die enormen Möglichkeiten zur Gestaltung von Klimawandel und Energieversorgung davon ab, dass wir eine stabile Energieversorgung haben. Digitalisierung funktioniert nicht ohne Strom. Digitalisierung kann helfen, Ressourcenverbrauch zu reduzieren. Gleichzeitig erzeugt sie technische Notwendigkeiten, beispielsweise das Vorhandensein von Halbleitern und natürlich neue Abhängigkeiten von ressourcenverbrauchender Produktion. Das sind die Widersprüche unserer Zeit, mit denen wir umgehen müssen. Es macht jedoch auch die Problematik deutlich, die wir in der Corona-Krise festgestellt haben: Wie viele Abhängigkeiten gefährden die Daseinsvorsorge?

Im Übrigen sind vorhandene Finanzmittel Fluch und Segen zugleich. Sie sind wichtig, um soziale Absicherung vorzunehmen und die innovative Kraft des Sozialstaats zu entfalten. Gleichzeitig verhindern »unendliche« Finanzquellen, dass sich nachhaltig mit zukunftsorientierten Strukturen befasst wird. Bislang, so scheint es, gerät aber die Gestaltung der Digitalisierung in Deutschland immer ins Hintertreffen. Obwohl die scheiternde Umsetzung des Onlinezugangsgesetzes vor Augen, führten die Haushaltsentscheidungen für das Jahr 2023 dazu, dass an vielen Stellen zuungunsten der digitalen Transformation entschieden wurde. Zur Stärkung der wichtigen Arbeit der Bundeszentrale für politische Arbeit wurden 8,4 Millionen Euro abgezweigt, die ursprünglich für das OZG vorgesehen waren. Die Schaffung eines Digitalisierungsbudgets wurde in denselben Haushaltsberatungen auf die Zukunft verschoben, und die Ansätze für die notwendige Digitalisierung der Register wurden gestrichen. Dahinter steckt das Problem, dass Bund und Länder Daten eigentlich nicht miteinander teilen können – es gibt keine geeignete Plattform, und die Systeme sind entweder nicht vorhanden oder aber nicht miteinander kompatibel.

Das hat damit zu tun, dass alles zu langsam geht, dass Projekte nicht abgeschlossen werden können – und, dass der Nutzen der Digitalisierung nicht sofort sichtbar ist. Wenn Institutionen wie die Bundesagentur für Arbeit Ende 2022 alle ihre Leistungen digital anbieten und mit innovativen Formen wie Videoberatungsgesprächen Verwaltungen modernisieren, dann ist dies richtig und wichtig. Dennoch dringt dies nicht so stark in die Öffentlichkeit und in Diskussionen, und in Bezug auf die Messbarkeit des Erfolgs dieser Leistungen muss oftmals darauf verwiesen werden, dass die innovativsten Ansätze in Deutschland an zwei harten Digitalisierungshemmnissen zu knabbern haben. Der schleichende Blackout hängt damit zusammen, dass wir bei der *elektronischen Authentifizierung* nicht weit genug sind. Die Möglichkeit, sich am Bildschirm zu identifizieren, ist technologisch bereits da. Dies könnte zum Beispiel für Kontoeröffnungen bei der Bank oder für die Identitätsbestätigung bei der Krankenkasse sehr hilfreich sein. Allerdings heißt Deutschlands große Baustelle: Wir können auf digitalem Weg keinen umfassenden Identitätsnachweis in der Kommunikation mit staatlichen Behörden abgeben. Das ist aber natürlich zwingende Voraussetzung dafür, dass Amtsgänge reduziert werden und Prozesse in den Verwaltungen digital abgebildet werden. Der digitale Personalausweis ist umständlich zu beantragen und daher nicht akzeptiert bei den Bürger:innen. Gleichzeitig gibt es eine Unzahl von rechtlichen Vorschriften, die dazu führen, dass wir an vielen Stellen doch noch an Schriftformerfordernissen (einer Unterschrift) oder dem persönlichen Erscheinen festhalten, was einen durchgängigen digitalen Prozess unmöglich macht. Doch es ist nicht nur die staatliche Struktur, die Digitalisierung scheitern lässt. Das Vorhaben, eine einheitliche IT-Struktur für die Bundesverwaltung vorzuhalten, führt zu enormen Kosten – 3,5 Milliarden statt der geplanten einen Milliarde Euro – und zu einem enormen Zeitverzug. Diesen Schritt wird Deutschland erst 2032 gegangen sein.

Wenn man das Großvorhaben OZG unter die Lupe nimmt, werden weitere Gründe für das Scheitern der digitalen Moderne in Deutschland sichtbar: Organisation der Flüchtlingsunterbringung, Management der Corona-Krise oder Erfassung der Gasspeicherstände im Zuge des Krieges gegen die Ukraine: Überall werden digitale Tools nötig – überall schmerzt das Fehlen solcher Leistungen. Mit der Umsetzung des OZG haben wir in Deutschland punktuelle Verbesserungen geschaffen. Vielleicht kann es historisch irgendwann als Wende zum digitalen Staat interpretiert werden, aber im Jahr 2023 fehlt es an einem strategischen Ansatz, der alle Ebenen betrifft. In den Fachdiskussionen sind sich alle einig, dass man zusammenarbeiten muss, um Deutschland in seiner föderalen Struktur digital modernisieren zu können. In der Realität zerbrechen Kooperationsformen aber weiterhin an politischen Logiken und Kirchturmdenken. Wie eine Architektur aussehen kann, die diese Logiken nicht negiert und dennoch Standardisierung, zugängliche Schnittstellen und Vielfalt als Resilienz versteht, wollen wir entwickeln, wenn wir die Bestandsaufnahme des schleichenden Blackouts abgeschlossen haben. Resilient sind staatliche Verwaltungen oder Unternehmen dann, wenn sie gegenüber potenziellen Störungen aller Art unempfindlich sind. Vernetzung und Kooperation sind dabei wichtige Leitprinzipien, um diese Unempfindlichkeit herzustellen.

In den multiplen Krisen äußert sich die fehlende digitale Aufstellung des Staates auch darin, dass unser in Ebenen getrenntes Denken Lösungen verhindert. Bei Krisen wie der Pandemie, aber auch bei Naturkatastrophen scheint es, dass unsere staatlichen Ebenen nicht so zusammenarbeiten, wie es notwendig ist. Neu an den Krisen ist, dass sie alle betreffen, Bund, Länder und Kommunen. Selbst, wenn sie nur punktuell auftreten. Die Koordination der Krisenbewältigung bedarf eines abgestimmten Vorgehens beim Personal, den Finanzen und – das ist zentral für unser Thema – bei der Datenübertragung. Wer mit der Organisation der Flüchtlingsunterbringung zu tun hatte, erinnert sich bestimmt an die Herausforderung, die das »Easy-System« mit sich brachte. Und bei der Corona-Pandemie kam schnell heraus, dass die Gesundheitsämter immer noch Faxgeräte nutzen. Dabei sind die Potenziale der Digitalisierung für ebenenübergreifende Krisenreaktionen mit den Händen zu greifen. Geodaten sind mithilfe von Satelliten schnell auszuwerten, Einsatzlagen planbar und Führungsaufgaben durch datengetriebene Anwendungen gestaltbar.

Weitere Treiber des schleichenden Blackouts sind unterschiedliche Standards und fehlende Möglichkeiten des Datenaustauschs. Sehr gut am Beispiel der E-Health-Software SORMAS (Surveillance Outbreak

Response Management and Analysis System) zu sehen, die vom Helmholtz-Zentrum für Infektionsforschung und dem Deutschen Zentrum für Infektionsforschung entwickelt wurde und in der Version SORMAS-ÖGD in der Corona-Pandemie zum Einsatz kam. Die in einigen Gesundheitsämtern auf die Schnelle eingeführte Software zur Erfassung der Corona-Zahlen wurde an vielen Stelle ausgebremst. Mit ihr war das Versprechen verbunden, dass Deutschland in der Gesundheitsverwaltung die Vorteile der Netzökonomie für die Verwaltung nutzbar macht. So wurde erstmals die Chance eröffnet, dass Daten und Informationen auf einheitlichem Wege schnell und effizient geliefert werden. Bei SORMAS wäre es konkret so verlaufen, dass die Gesundheitsämter die Corona-Fallzahlen nicht mehr manuell oder per Fax übermitteln, sondern dafür SORMAS nutzen. Aber nicht nur die schnelle Übermittlung wäre ein Vorteil gewesen. Allein im Berliner Bezirk Steglitz-Zehlendorf haben bei der Erfassung von Corona-Infizierten alle Mitarbeiter an einer Datei gearbeitet. Folge: Das Dokument war gesperrt, da es von einer anderen Person bearbeitet wurde. Der Arbeitsstau und die damit nicht übermittelten Daten führten dazu, dass kein Überblick über die aktuelle Situation bestanden hat. Dementsprechend stellt sich auch die Frage, wie politische Entscheidungen getroffen werden sollen, wenn die Datenlage derart desaströs ist (Spilker 2020).

Es wäre also durchaus möglich gewesen, die Daten und Informationen zu Fallzahlen, Kontaktpersonen und Ähnlichem ohne große Probleme zu erfassen. Auch wenn sie stetig und exponentiell wachsen, sie also »skalieren«, wie man sagt. Es wäre möglich gewesen, mit diesen Informationen »vor die pandemische Lage zu kommen«, wie es im Katastrophenschutz heißt. Doch, anstatt auch die Anwendung zu skalieren, wurde sie nicht flächendeckend eingesetzt, weil sie als unnötiger Aufwand bezeichnet oder nicht als smarte Digitalisierung empfunden wurde (Beerheide 2021). Um es noch einmal deutlich zu machen: Die Software SORMAS war keine Entwicklung im Rahmen von Corona. Mithilfe von SORMAS werden bereits seit 2014 Daten in Westafrika ermittelt, um Ausbrüche von Ebola zu bekämpfen. SORMAS wird ebenfalls für Krankheiten wie Gelbfieber, Cholera, Affenpocken oder die Geflügelpest genutzt. Ziel ist es, Informationen wie Fallzahlen, Kontaktpersonen, Symptome und so weiter zu sammeln, um sie anschließend zu vernetzen und dann bessere (politische) Entscheidungen zur Bekämpfung zu treffen. Es handelt sich also um eine Software, die bereits erfolgreich genutzt wurde und nur flächendeckend hätte eingesetzt werden müssen.

Das Fehlen einer einheitlichen Lösung ist in der Krise misslich gewesen. Eine digitale Verwaltung kann nämlich schneller auf größere Verwaltungsanstrengungen reagieren. Wäre der digitale Prozess zum Beispiel für das Wohngeld schon vorhanden gewesen, hätte man »einfach« die digitale Beantragungsstrecke anpassen können. So aber müssen mehr Leute eingestellt werden – die es auf dem Arbeitsmarkt nicht gibt –, um der steigenden Zahl von Anträgen Herr zu werden. Eine Politik, die digitale Verwaltungsleistungen prioritär behandelt, könnte zudem durch steigende Nutzendenzahlen große interne Effizienzen heben.

Wenn wir in Deutschland weiter den Weg von Insellösungen und individuellen Projekten gehen, um dann unter dem nicht nur kompliziert auszusprechenden Wort Interoperabilität mühsam unterschiedliche Systeme kompatibel zu machen, scheint ein Blackout nicht mehr nur schleichend einzutreten. Bezeichnend ist, dass trotz der Dauer der Krisen keine Strukturanpassungen erfolgen. Bei der Erfassung von Flüchtlingsbewegungen aus der Ukraine im Jahr 2022 klagten die Verwaltungsmitarbeitenden über vergleichbare Probleme wie 2015. Die einheitliche Erfassung und dann Verteilung elektronisch vorzunehmen, ist immer noch schwierig. Gleichzeitig führt die verspätete Bereitstellung der entsprechenden OZG-Leistung zur Erfassung der Flüchtenden dazu, dass diese im Frühjahr 2022 nicht zum Einsatz kam. Dies ist in Verwaltungen immer noch ein Problem. Dadurch werden Zeit und Ressourcen gebunden, sodass die Suche nach den digitalen Lösungen erneut hintangestellt, oder, wie es im Verwaltungsdeutsch heißt, »depriorisiert« werden muss.

Wir sind im Blackoutkreislauf des Staates angelangt. Anstatt strukturell an digitalen Verbesserungen arbeiten zu können, müssen die Verwaltungsmitarbeitenden Krisen mit ihren Alltagsroutinen bewältigen. Das machen sie souverän, und sie sind die Garanten dafür, dass wir bisher alles geschafft haben. Aber die Welt dreht sich weiter. Andere Länder etablieren digitale Lösungen, und die Lücke zwischen den Tech-Riesen und dem das öffentliche Gemeinwesen sichernden Staat wird immer größer. Auf dem Weg in die digitale Feudalherrschaft der »Gafam«-Riesen (Google, Alphabet, Facebook, Apple & Co.) sind wir in den letzten Jahren weiter vorangeschritten als bei der Sicherung unserer digitalen Souveränität. Um den Blackoutkreislauf wenigstens hinauszuzögern, greift der Staat auf enorme externe Beratungsleistungen zurück. Dass er in diese Krisensituationen kommt, ist nicht der Punkt unserer Kritik. Vor dem Hintergrund unserer eigenen Erfahrungen sind wir überzeugt, dass man Krisen meist nicht voraussehen kann. Aber es ist wichtig, dass wir mithilfe digitaler Möglichkeiten und aufgrund unseres Krisenwissens zu einer neuen Form der Beratung und Sicherung von Expertise kommen. Dies scheiterte in der Realität oft daran, dass die Datenbasis für eine solche Beratung nicht oder nur schwer zu erzeugen war. Während Google – aufgrund unserer Nutzung – nahezu alle Daten dieser Welt auswerten kann, fragen deutsche Verwaltungen im Jahr 2022 bei allen Bürger:innen, die Grundsteuer erklären müssen, Daten ab, die der Staat eigentlich schon hat. In dieser Verfasstheit ist eine datengetriebene Wirkungskontrolle eine Wunschvorstellung, die Realität werden müsste.

Aus einem weiteren Grund muss der Staat digital werden. Digital bedeutet zunächst, dass die vorhandenen Daten entsprechend aufbereitet werden. Mit diesen Datenschätzen, die in Archiven, Forschungseinrichtungen und Behörden schlummern, können Szenarioplanungen bezüglich zukunftsorientierter Strukturen und Krisenpläne wesentlich genauer vorgenommen werden. Wenn digitale Tools vorhanden sind, ist es leichter, sie an die neuen Anforderungen anzupassen, als das Rad in der Krise neu zu erfinden.

Gleichzeitig zeigt sich hier die Janusköpfigkeit der Digitalisierung. Genauso wie ein gesellschaftlicher Blackout droht, wenn wir auf die Krisen dieser Zeit nicht mit den Mitteln dieser Zeit reagieren können, droht ein Blackout, wenn wir alles digital anbieten. Sollte dann ein Blackout die Stromversorgung unterbrechen oder gezielte Angriffe auf Archive oder Register des Staates erfolgen, vergeht mitunter das gesellschaftliche Gedächtnis. Und nicht nur das. Wir sollten uns die Frage intensiver stellen, weshalb ein digitaler staatlicher Angriff auf einen anderen Staat oft als Kavaliersdelikt gehandhabt wird. Es geht hier also immer um Redundanz und Resilienz – also Mehrfachabsicherungen und Widerstandsfähigkeit.

## Digitalisierungsblackout – auch eine Gefahr für die Wirtschaft

Es gibt auch einen ungesunden Blackoutkreislauf in unserer Wirtschaft. In einem großen Report zeigte das *Handelsblatt* Anfang 2023 auf, wie eine Leitindustrie Deutschlands, die Automobilindustrie, sich an einem wichtigen Digitalisierungsvorhaben verhoben hat (Backovic 2023: 1). Dabei geht es darum, dass zentrale digitale Anwendungen in die Autos unmittelbar integriert werden – und man nicht mehr sein Smartphone mit dem Wagen verbinden muss, um zum Beispiel auf Apps wie Google Maps zuzugreifen. Jetzt suchen die Unternehmen nach Techniker:innen, die ihnen dabei helfen. Die Parallele zu staatlichen Großprojekten wird deutlich, wenn man festhält, dass damit der Versuch der Automobilindustrie gescheitert war, diesen technischen Schritt über Eigenentwicklungen zu gehen.

Dieses Vorhaben erscheint wie ein Musterbeispiel für die Entwicklungen, die Sascha Friesike und Johanna Sprondel in ihrem Buch über »Träge Transformation« (2022) beschreiben: ohne Sinn und ohne Verstand. Auf der einen Seite ist in den letzten Jahrzehnten das Programmieren im eigenen Unternehmen nicht umfassend und strategisch gelöst worden, sodass der Wettlauf um die beste Software verloren wurde. Weiterhin pflegt die Autoindustrie ein IT-Bild aus den 1980er-Jahren: Dass für Software wie beispielsweise Kartendienste der Kunde zahlen soll, obwohl die Daten kostenfrei und öffentlich zugänglich sind, ist ein

Geschäftsmodell, das nicht im digitalen Zeitalter angekommen ist. Dass darüber hinaus Kunden Daten ihres Autos wie Fahrleistung, Verbrauch und anderes nicht abrufen können, obwohl das Auto diese Daten speichert, ist ebenfalls nicht nachvollziehbar und zeigt ein geschlossenes Silodenken.

Wenn also berechtigte Kritik an staatlichen Großprojekten erhoben wird, kann man festhalten, dass auch die Wirtschaft nicht davor gefeit ist. Und es führt dazu, dass die Kosten explodieren und die Autoindustrie dennoch mit einem schleichenden, digitalen Blackout zu kämpfen hat. »Preistreiber sind die fast 3000 Softwareentwickler, die neu eingestellt wurden. Die rare Spezies an Spitzenprogrammierern lässt sich ihre Dienste gut bezahlen. Sechsstellige Einstiegsgehälter sind keine Seltenheit, sagen Szenekenner« (Backovic et al. 2022: 4). Ergebnisse: nicht sichtbar, während andere Hersteller an etablierten deutschen Marken bei der Digitalisierung vorbeiziehen. Ein weiterer Grund ist, dass aufgrund des vergleichbar geringen Volumens an Autos pro Jahr für die Premiummarken schlicht die Skalierung – sprich: die Anpassung an veränderte Größen – nicht möglich ist.

Ein Dilemma: Selbstmachen lohnt sich nicht, Kooperationen führen zu Abhängigkeiten von den bekannten amerikanischen Tech-Unternehmen. Also stellen sich auch in zentralen Industrien vergleichbare Fragen, wie wir sie für den Staat und unsere Gesellschaft in diesem Buch auftauchen.

## Schleichender Blackout wegen »Arbeiter:innenlosigkeit«

Wir müssen uns klarmachen, dass der digitale Blackout auch eintreten kann, wenn der Staat von moderner Arbeiter:innenlosigkeit betroffen (Dettmers 2022) ist. Nach Prognosen des Bundesministeriums für Arbeit und Soziales wird der Arbeitsmarkt im Jahr 2040 einen tiefgreifenden Strukturwandel durchlaufen haben. Rund 5,3 Millionen Arbeitnehmer:innen werden bis dahin aus dem Erwerbsleben ausscheiden, ein Drittel davon sind gut ausgebildete Babyboomer. In der Folge verschärft sich in vielen Branchen und Berufen der Fachkräftemangel. Dies gilt besonders für das Baugewerbe, das Gesundheits- und Sozialwesen und die MINT-Berufe. Das trifft auch unser Gemeinwesen: Durch das Ausscheiden der Babyboomer aus dem Erwerbsleben wird sich vor allem im öffentlichen Dienst die Fachkräftelücke weiter öffnen. Mehr als jeder vierte Beschäftigte in Bund, Ländern und Kommunen war 2018 über 55 Jahre alt und geht damit in den kommenden Jahren in den Ruhestand. Allein für das Bundesverwaltungsamt rechnet Präsident Christoph Verenkotte damit, dass bis Ende des Jahrzehnts rund 40 Prozent der Beschäftigten aus dem Dienst ausscheiden werden. Eine Studie der Beratungsgesellschaft PwC berechnete schon 2018 eine Lücke von über 800.000 Fachkräften für den öffentlichen Dienst im Jahr 2040 – davon 151.000 Verwaltungskräfte im Kernbereich.

Ein Blick auf die Arbeitsmärkte für die Gestaltung der Digitalisierung fördern gleiche Ergebnisse zutage. So fehlen allein Ende 2022 einer Studie des Fachverbandes Bitkom zufolge insgesamt 137.000 IT-Expert:innen. Mit Blick auf die Verwaltungen kommen die Expert:innen der Beratungsgesellschaft McKinsey in einer Studie zu einem noch ernüchternderen Bild: Sie identifizieren bis 2030 eine Personallücke von 140.000 IT-Fachkräften für den Staat (Marquart 2023).

Durch das gleichzeitige Ausscheiden älterer Arbeitnehmer:innen entsteht somit das Haupthindernis für eine digitale Transformation auf dem Arbeitsmarkt. Denn Studierende der Informatik wachsen nicht an Bäumen. Derzeit beginnen etwas über 70.000 Personen ein solches Studium. Bei den Abgänger:innenzahlen sind es dann nur noch weniger als die Hälfte, die das Studium beenden. Wir brauchen eine IT-Fachkräftestrategie, denn natürlich haben wir überall Mangelsituationen. Ohne technische Grundlagen ist bald in vielen Bereichen die Folge des schleichenden Blackouts sichtbar. Dann können digitale Anwendungen nicht mehr entwickelt und genutzt werden. Wir brauchen daher eine Abkehr von starren Systemen bestimmter Formalqualifikationen wie beispielsweise bestimmte Abschlüsse bestimmter Schulformen. In einer sehr deutschen Debatte um Einbürgerung und Anerkennung ausländischer Abschlüsse verkennen wir oftmals, dass andere Strukturen häufig nur sehr kompliziert in das deutsche Ausbildungssystem zu übersetzen sind. Außerdem müssen wir endlich anerkennen, dass gerade bei der Digitalisierung oftmals sehr erfahrene und anerkannt hoch qualifizierte Personen bereitstehen, die keine ins Tarifraster fallenden Formalabschlüsse vorweisen können.

Wenn dann auch keine digitalen Lösungen für die Verwaltungsaufgaben vorhanden sind, trifft die demografische Krise doppelt. Die Verwaltung sucht Bedienstete, und in den von den multiplen Krisen betroffenen Stellen wird zusätzliche Arbeit durch Aufstockungen und Umschichtungen mehr schlecht als recht verteilt. Digitale Dividende heißt also nicht mehr finanzielle Einsparungen, sondern Qualitätssicherungen durch digitale Lösungen. Wir werden wesentlich mehr investieren müssen, damit nicht die Arbeiter:innenlosigkeit zu weiterem Qualitäts- und anschließendem Vertrauensverlust führt. Angesichts des sich verschärfenden Fachkräftemangels im Zuge des demografischen Wandels ist Digitalisierung die Voraussetzung dafür, dass staatliche Verwaltungen ihre Aufgaben auch in Zukunft wahrnehmen können. Digitalisierung kann dazu beitragen, die Funktions- und Handlungsfähigkeit sowie das Serviceversprechen öffentlicher Dienstleistungen langfristig zu gewährleisten.

Wer die Probleme verstehen will, denen wir bei der Gestaltung der Digitalisierung gegenüberstehen, dem sei ein Blick in das instruktive Buch des heutigen Chef-Ökonomen von Google empfohlen. Auf Deutsch ist es 1999 unter dem harmlosen Titel »Online-Erfolg für alle« erschienen, dabei zeigt der Originaltitel des Buchs von Hal Varian, welches er gemeinsam mit Carl Shapiro verfasst hat, direkt auf, worum es in der Digitalisierung geht: »Information rules«. Hagen Krämer (2019: 48) beschreibt die besonderen »Charakteristika von digitalen Märkten, zu denen beispielsweise Netzwerkeffekte gehören«, aus denen »sich sogenannte natürliche Monopole« bilden: »Im Fall eines natürlichen Monopols kann ein einziges Unternehmen sein Gut zu einem geringeren Preis produzieren, als dies der Fall wäre, wenn zwei oder mehrere

Unternehmen auf dem Markt sind, weil auf solchen Märkten eine hohe Stückkostendegression auftritt. Dies rührt daher, dass Unternehmen auf diesen Märkten üblicherweise sehr hohe Fixkosten haben, während die Kosten der Produktion einer weiteren Einheit des Gutes (Grenzkosten) recht gering sind, sodass jede zusätzliche Produkteinheit mit spürbar geringeren fixen Kosten pro Einheit als die vorherige hergestellt werden kann«. »Information rules« bedeutet dann aber auch, dass es um Datenschätze und ihre Verarbeitung geht. Es geht aber auch darum, wer es schafft, durch digitale Anwendungen und die Nutzung der Automation den Fachkräftemangel abzufedern.

Voraussetzung für gelingende Digitalisierungsprojekte ist die Orientierung schon in der Entwicklung an den Bedürfnissen der Nutzer:innen – also an den Bürger:innen, Unternehmen sowie Verwaltungsmitarbeiter:innen. Der erneute Blick auf die Zufriedenheit der Befragten mit digitalen Verwaltungsangeboten im europäischen Vergleich zeigt auf, dass diese auf niedrigstem Niveau verharrt, wie die Initiative D21 immer wieder feststellt und deren Geschäftsführerin Lena-Sophie Müller unermüdlich betont. Wir brauchen hier eine Änderung, sowohl um schrittzuhalten mit den großen Tech-Unternehmen und deren Entwicklungsschritten, als auch, um den Standort Deutschland in der digitalen Wirtschaft zu stärken. Bislang stimmen die Entwicklungen oft nicht mit den vorhandenen Bedürfnissen überein. Bis dato gingen wir immer wieder von einer falschen Annahme aus: Es wurden einfach alle Prozesse digitalisiert, ohne zu prüfen, ob dies sinnvoll ist. Zugespitzt formuliert, stehen Genehmigungsprozesse für die Energiewende dann auf einer Stufe mit dem Schrebergarten. Und dann wurde der analoge Prozess einfach in digitaler Form abgebildet, ohne über die Sinnhaftigkeit dieses Unterfangens nachzudenken. Das macht in der digitalen Welt aber keinen Sinn. Denn wenn ein kommunaler Prozess wie die Ahndung eines Verstoßes gegen das Schulgesetz – so heißt es in den Verwaltungen, wenn man schwänzende Schüler erwischt – acht DIN-A-4-Seiten umfasst, kann das in der digitalen Welt nicht gutgehen. Es gibt hier den allseits bekannten und immer wieder angeführten Ausspruch des

Telefónica Deutschlandchefs Thorsten Dirks: »Wenn Sie einen Scheißprozess digitalisieren, dann haben Sie einen scheiß digitalen Prozess.« Dieser Satz hat auch heute mehr denn je seine Gültigkeit.

Deshalb brauchen wir einen Wechsel in der politischen Herangehensweise. Die Strategien, die uns bisher geleitet haben, helfen uns nicht weiter, den digitalen Blackout zu verhindern. Natürlich gibt es in Deutschland an vielen Stellen erfolgreiche Projekte und starke Ambitionen, die Digitalisierung zu gestalten. Aber für eine notwendige Transformation brauchen wir andere Kultur- und Strukturprinzipien. Auch für Deutschland gilt, dass eine ungesteuerte Digitalisierung die gesellschaftliche Polarisierung weiter verschärfen kann. Angela Merkel hat immer davon gesprochen, dass wir in »disruptiven« Zeiten leben. Die neuen Trends werden erheblichen Einfluss auf die Veränderung der Tätigkeiten und auf die Struktur von Branchen und Unternehmen haben. Forschungen im Auftrag des Arbeitsministeriums legen den Schluss nahe, dass die Digitalisierung eine neue gesellschaftliche Konfliktlinie entstehen lässt. Auf der einen Seite stehen diejenigen, die Angst vor dem Wandel der Arbeitsgesellschaft haben, und auf der anderen Seite die, die die Chancen betonen.

All diese Wandlungsprozesse führen dazu, dass die staatliche Leistungs- und Handlungsfähigkeit ebenso unter Druck ist wie unsere Gesellschaft. Hinzu kommt, dass, wenn die finanziellen Mittel nicht mehr so vorhanden sein sollten, wie sie im Moment noch vorhanden sind, sich diese Trends noch beschleunigen und verschlimmern werden. Sie können nämlich nicht mehr, wie bisher, einfach mit Geld gelöst werden. Deswegen brauchen wir die digitale Transformation der Verwaltung. Mehr Digitalisierung und Automatisierung sind dabei die eine Seite der Medaille. Kulturwandel und Personalentwicklung sind die andere. Das wird nicht kostenlos zu haben sein. Aber bisher hat sich die Politik – egal welcher Couleur – jeweils nur zu politischen Absichtserklärungen durchgerungen. Was wir brauchen, ist ein »digitaler Aufbruch«, wie ihn die Ampel-Koalition versprochen hat. Dabei müssen wir den Pfad wechseln. Der Nationale Normenkontrollrat (2021: 6) hat dies sehr zutreffend zusammengefasst: »Aus falsch verstandener Sparsamkeit, die sich oft genug als angebliche Wirtschaftlichkeit tarnt, werden notwendige Investitionen und Umstrukturierungen vermieden. Dann wird gekleckert, wo eigentlich geklotzt werden müsste. Das ist häufig dann der Fall, wenn es an strategischer Weitsicht fehlt oder nicht richtig vermittelt werden kann, welchen langfristigen Nutzen bestimmte Investitionen und Strukturveränderungen bewirken.«

## Ohne digitale Infrastruktur kein »digitaler Aufbruch«

Der Ausbau der digitalen Netze ist für eine Wissensgesellschaft, wie wir es sind, von entscheidender Bedeutung. Das haben wir im Zusammenhang mit der Corona-Pandemie sehr anschaulich erlebt. Wir erleben aber auch, dass der Ausbau der Infrastruktur zu langsam vorangeht. Spätestens seit dem Jahr 2015 hat die Politik versucht, die Fehler der Vergangenheit anzugehen und unsere Infrastruktur für die digitalen Autobahnen von Kupfer auf Glasfaser auszuwechseln. Die Fehlentscheidungen im Laufe der Privatisierung der Post, der Deutschen Telekom den Erhalt des Kupfernetzes zu gewähren, führen dazu, dass wir in Deutschland den Weg in die Gigabit-Versorgung nur langsam finden. Das Ziel der Gigabitstrategie der Bundesregierung ist daher eine flächendeckende Glasfaserversorgung »bis zum Haus« (Fiber to the Home (FTTH) ist der Fachterminus).

Diese Anstrengung ist nötig, wie die Zahlen für die Versorgung in Deutschland zeigen, die die Bundesregierung in ihrem Breitband-Atlas regelmäßig veröffentlicht (BMDV 2021: 6): Mitte 2021 verfügen etwa 95 Prozent der Haushalte in Deutschland über Breitbandanschlüsse von mindestens 50 Megabit pro Sekunde (Mbit/s). Bandbreiten von mindestens 200 Mbit/s stehen für 79,7 Prozent der Haushalte zur Verfügung. Über 62 Prozent der Haushalte stehen Gigabitanschlüsse (1.000 Mbit/s) über leitungsgebundene Technologien zur Verfügung.

Die Gründe, warum wir im Ausbau der digitalen Infrastruktur so langsam vorankommen, sind vielfältig. Branchenvertreter:innen behaupten gerne, dass der eigenwirtschaftliche Ausbau durch den Markt schneller und effizienter ablaufe als die geförderten Projekte. Und in den letzten

Jahren konnte durch die weltweite Suche des Kapitals nach lukrativen Anlagemöglichkeiten auch ein intensiver Investitionshochlauf beobachtet werden. Dennoch ist der Weg noch weit. Hinzu kommt, dass die Verfügbarkeit von Breitband- beziehungsweise Glasfaseranschlüssen zentral für die (Digitale) Daseinsvorsorge geworden ist. Ein fehlender Zugang zum Glasfasernetz löst grundsätzliche Fragen der gesellschaftlichen Teilhabe und der Sicherung der gleichwertigen Lebensverhältnisse aus, und das Vorhandensein des schnellen Internets entscheidet über die Wettbewerbsfähigkeit ganzer, insbesondere ländlicher Regionen. Im Übrigen besteht beim Glasfaserausbau nur bedingter Wettbewerb um die Infrastruktur. Glasfasernetze bis in die Gebäude sind aufgrund des hohen Anteils der Tiefbaukosten, die 80 bis 90 Prozent der Gesamtausbaukosten ausmachen, sogenannte natürliche Monopole. Das bedeutet, dass die Gesamtkosten bei einer flächendeckenden Erschließung dann besonders gering ausfallen, wenn nur ein Unternehmen den Ausbau vornimmt und dass es sich selten lohnt, hier in den Wettbewerb zu gehen. Das ist auch der Grund, warum in den Großstädten mitunter mehrere Netze neben- oder sogar übereinander bestehen oder ausgebaut werden, während ländliche und topografisch schwierige Gebiete unterversorgt sind, weil dort die Bevölkerungsdichte gering ist und die Anschlusskosten pro Haushalt deshalb höher ausfallen.

Also gibt es eine deutliche Benachteiligung der Versorgung in den ländlichen Regionen, und es kommt zu einem Ungleichgewicht der Lebensverhältnisse durch die Digitalisierung bei ungleicher Versorgungsleistung. 2022 standen auf Bundesebene rund 3,1 Milliarden Euro für den Ausbau zur Verfügung, die durch die Bundesländer und die Kommunen noch deutlich aufgestockt wurden. Damit sollte die Dynamik des Ausbaus auch und gerade in den Regionen der »weißen« und »grauen« Flecken unterstützt werden. Dennoch waren die bereitgestellten Mittel schon vor Ende des Jahres 2022 ausgeschöpft und deutlich durch eingegangene Anträge überzeichnet. Damit erhielt der geförderte Ausbau im Jahr der Veröffentlichung der Gigabit-Strategie der Bundesregierung einen erheblichen Dämpfer. Denn damit ging eine Verzögerung der neuen Fördermöglichkeiten einher, die aufgrund einer EU-Entscheidung ab dem 1. Januar 2023 viele Gebiete erreichen können, die bislang von geförderten Projekten ausgenommen waren.

Die neue Förderung erfolgt mittlerweile unter Wegfall der sogenannten »Aufgreifschwelle« und daher im Rahmen der von der EU-Kommission genehmigten Gigabit-Rahmenregelung. Zur Erinnerung: Die »Aufgreifschwelle« beim Breitbandausbau bedeutete, dass eine steuerliche Förderung nur in den Regionen zulässig war, in denen die verfügbare Bandbreite weniger als 30 Mbit/s (weiße Flecken) betrug. 2021 wurde dieser Wert im Rahmen der Graue-Flecken-Förderung auf 100 Mbit/s (graue Flecken) erhöht. Der Bundesetat hat zwar beschlossen, das Fördervolumen für das Jahr 2023 auf dem Niveau des Jahres 2022 zu halten, aufgrund der langen fehlenden Rahmenbedingungen bis in den März 2023 wird sie die Dynamik nicht wie erhofft entfalten können. In einer Phase hoher Dynamik entschied sich die Bundesregierung für eine nicht notwendige Veränderung der Breitbandförderung. Dies kann zu einer Verlangsamung des Ausbaus bis ins Jahr 2025 führen – also genau in der Phase des angestrebten »digitalen Aufbruchs«. Wenn man konstatiert, dass Deutschland schon wegen der erwähnten »Kupfer-Entscheidung« der Regierung Kohl einen schweren Start in die Gigabit-Phase hatte, so führt die aktuelle Verzögerung in Kombination mit der hohen Ausbaudynamik im eigenwirtschaftlichen Bereich zu einer ungleichen Wachstumsdynamik zulasten der ländlichen Regionen.

Das politische Ziel, eine flächendeckende Glasfaserinfrastruktur bis 2025 zumindest initiieren zu können, verwandelt sich so in eine Wahl zwischen Wachstum und Katastrophe. So hängt der Ausbau nun vor allem von der Telekommunikationsbranche und deren aus vielen – nachvollziehbaren – Gründen nicht kalkulierbaren Aussagen und Prognosen hinsichtlich der geplanten Maßnahmen ab. Die Zusicherung, bis 2030 eigenwirtschaftlich flächendeckend Glasfaser auszubauen, gilt nämlich nur, wenn sich Bund, Land und Kommunen gänzlich auf die Forderungen der Unternehmen einlassen. Das bedeutet im Extremfall, dass die Nichterfüllung der Zusagen damit begründet wird, was alles rechtlich, genehmigungspraktisch und regulatorisch nicht geändert wurde. Die öffentliche Hand würde sich in eine Abhängigkeit vom Markt begeben. Die Schaffung gleichwertiger Lebensverhältnisse wäre gefährdet.

Die gemeinsamen Anstrengungen müssen deshalb darauf abzielen, den geförderten und den eigenwirtschaftlichen Ausbau bestmöglich zu verknüpfen und dadurch Synergien für alle Beteiligten zu erzeugen. Derzeit spüren wir sowohl beim Mobilfunk- als auch beim Glasfaserausbau eine hohe, eigenwirtschaftliche Ausbaudynamik. Gleichzeitig ist es die Aufgabe des Staates, darauf zu achten, dass im Sinne der Herstellung gleichwertiger Lebensverhältnisse alle Regionen vom Ausbau der Netze profitieren. Dafür brauchen wir eine Verpflichtung zu Open-Access-Modellen, die viele Vorteile gegenüber einfachen Lehrrohrverlegungen mit sich bringen, da man so direkt einen Anbieter hat, der nach Abschluss der Baumaßnahmen Licht auf die Glasfaser legt. Ergänzung sollte dieser Ausbau in Co-Investitions-Modellen finden. Beide können Anreize für den gemeinsamen Ausbau und zur Öffnung der Netze zu angemessenen Preisen schaffen, um einen effizienten Ausbau zu ermöglichen.

Um die Wichtigkeit der Investitionen unter anderem in die digitale Infrastruktur zu betonen, gibt es nun politische Vorschläge, die Infrastruktursicherung in das Grundgesetz aufzunehmen. Dies sind letztlich Nebenschauplätze, die von der wirklichen Aufgabe ablenken. Es braucht ein Infrastruktur-Modernisierungsprogramm, mit Fokus auf allen Netzen – also Stromnetzen, Schienen und Sanierung von Straßen so wie auch auf 4G- und 5G-Netzen. Was nicht gebraucht wird, ist eine Überfrachtung der Verfassung. Es geht in diesen generellen Zieldebatten meist nur darum, die Verfassung mit einem Begriff oder mit einer Regelung zu erweitern, die schon gesetzliche Regelungstiefe aufweist. Dabei werden aber keine konkreten Maßnahmen vorgeschlagen. Zudem ist die Frage, was sich aus einer solchen Aufnahme für Konsequenzen ableiten ließen.

Denkbar wäre auch ein stärkerer Blick auf die Deutsche Telekom, an der der Staat weiterhin mit einem Anteil von 32 Prozent beteiligt ist. Die Monopolkommission (2021) hat daher in ihren Handlungsempfehlungen für die aktuelle Wahlperiode festgehalten, dass der Bund seine

Anteile verkaufen soll. Sie begründet dies mit wettbewerbsökonomischen Gesichtspunkten. Der Staat tritt im Telekommunikationsmarkt als Regulierer auf, ist gleichzeitig aber an einem der Hauptwettbewerber mit einem nennenswerten Anteil beteiligt. Es wäre jedoch auch denkbar, den gesamten Ausbau in staatliche Hände zu legen. Wenn Daseinsvorsorge so verstanden wird, dass die wichtigsten Infrastrukturmaßnahmen gebündelt vom Staat organisiert werden sollen, sollte dies auch die digitale Infrastruktur beinhalten.

Damit würde man sich einer Entwicklung entgegenstellen, die auch bei der digitalen Infrastruktur zu ungewollten Abhängigkeiten führt. Bereits heute hat das chinesische Unternehmen Huawei 59 Prozent der Basisstationen und Infrastruktur für das leistungsstarke 5G-Mobilfunktnetz aufgebaut. Die Beratungsgesellschaft Strand Consult, die diese Zahlen erhoben hat, führt an, dass bereits beim leistungsschwächeren 4G-Mobilfunktnetz der Anteil von Huawei bei 57 Prozent liegt. In der gleichen Studie wird diese Entwicklung mit Nordstream 2 verglichen. Das Fazit: »Es gibt Anzeichen dafür, dass Deutschland die Sicherheitsbedrohung, die von China ausgeht, nicht ernst nimmt.« (Strand Consult 2022 zitiert nach Spiegel 2022).

Daher noch einmal das Plädoyer, den Blackout nicht nur als ernst zu nehmendes Szenario, sondern auch als Präventionstreiber zu sehen, und viele Sichtweisen von Beteiligten und Betroffenen zu analysieren, um richtige Entscheidungen zu treffen. Politisch kann gehandelt werden. So werden in Lettland, Litauen und der Slowakei keine Funkzugangsnetzgeräte, sogenannte RAN-Geräte, aus chinesischer Produktion eingesetzt. Diese Funkzugangsnetze stellen die letzte Verbindung zwischen Netz und mobilem Endgerät dar. Das Verbieten dieser RAN-Geräte auch für Deutschland zu erwägen, ist daher richtig, da der Ausschluss dieser Technologiekomponenten auch mit der Gefahr von Wirtschaftsspionage begründet wird.

# 2.
# Digitale Unsouveränität – wie sie die Demokratie gefährdet

In den vergangenen Jahren hat sich das Schlagwort der digitalen Souveränität durchgesetzt und wurde einem technologischen Totalitarismus entgegengesetzt, der durch Big Data und die Macht der großen amerikanischen Tech-Konzerne zu entstehen droht (vgl. die Beiträge in Schirrmacher 2015). Doch was bedeutet digitale Souveränität eigentlich? Dazu gibt es verschiedene Definitionen. Eine der schlankesten ist die Feststellung, dass digital souverän derjenige ist, der selbst entscheiden kann, wie er digitale Anwendungen einsetzen will und wem er seine Daten zur Verfügung stellen möchte. Staaten und Gesellschaften, aber auch Individuen sind also im Umkehrschluss dann in digitalen Abhängigkeiten gefangen – sei es von den großen Tech-Unternehmen bei Soft- und Hardware oder im Bereich der Infrastrukturen. Damit sind sie dann digital unsouverän. Vielfach wird die Frage gestellt, worin genau man digital abhängig ist. Dies kann unterschiedliche Ausprägungen haben. Konkret kann es sein, dass ein Unternehmen oder eine Kommune seine Software nicht selbst programmieren und weiterentwickeln kann. Dann wäre es davon abhängig, was der Anbieter vorgibt. Auch im Hinblick auf die Hardware kann eine Abhängigkeit entstehen und zu Lieferengpässen, Produktionsstau oder Ausfällen führen.

Vor fast 30 Jahren entstand der Ansatz der agilen Softwareentwicklung, der als maßgebliche Ursache für den Erfolg der dominanten Tech-Konzerne bezeichnet wird. Unter Anwendung agiler Entwicklungsmethoden werden in kleinen Teams oder Netzwerken in partnerschaftlicher Zusammenarbeit mit den Kundinnen und Kunden Softwareprodukte »iterativ« und »inkrementell« entwickelt, abgenommen und in den

Betrieb gebracht. Dies sind Produkte, die im Sinne eines »Minimum Viable Product« (MVP)-Ansatzes nicht von Anfang an auf ein umfangreiches und *finales* Endprodukt ausgerichtet sind wie bei klassischen sogenannten Wasserfallansätzen der Projektplanung, sondern auf ein *erstes, schnell zu erreichendes* Softwareprodukt. Dieses MVP kann nach kurzer Zeit in Betrieb genommen werden und löst bereits während des Projektes ein klar abgrenzbares, konkretes Problem für die Nutzer:innen. Agile Entwicklung ist mit teilweise erheblichen Zeit- und Kosteneinsparungen verbunden, begrenzt Fehlentwicklungen und steigert die Nutzerakzeptanz der Lösungen. Die Lösungen werden kontinuierlich mit echten Nutzer:innen getestet und weiter ausgebaut. Das Softwareprodukt insgesamt wird also nicht von einem abstrakten, statischen Plandokument getrieben, sondern von praktischen Erkenntnissen aus kontinuierlichen Tests, Datenerhebungen und Interviews mit den Nutzerinnen und Nutzern. Somit werden schnellere und bessere Ergebnisse produziert. Die Arbeitsweise der großen Unternehmen ist also weit weg vom deutschen Verwaltungsalltag. In einer krisenhaften Welt – aus dem militärischen hat sich das Akronym VUCA (Volatility, Uncertainty, Complexity, Ambiguity) dafür durchgesetzt – ist also eine schnellere Reaktion in der Verwaltung grundsätzlich möglich.

## Organisation des Staats – so kann sie nicht digitalisiert werden

Um mit diesen Herausforderungen umzugehen und schnelle Lösungen für neue Probleme zu finden, braucht es eine genaue Analyse, wie der Staat eigentlich organisiert ist und wie Verwaltung arbeitet. Bisher findet man dort im Bereich der Digitalisierung einen sequenziellen Wasserfallansatz. »Er basiert auf einer außerordentlich ausführlichen Dokumentation und Bedarfserhebung, gefolgt von einer Konzeptionsphase und einer in Lastenheften beschriebenen Maximallösung, die in der Regel langwierige Ausschreibungsphasen nach sich zieht. Die anschließende eigentliche Entwicklung lässt nur noch wenig Raum für Anpassungen vom in Auftrag gegebenen Umfang. Am Ende steht ein häufig suboptimales Ergebnis, das nicht dem eigentlichen Nutzerbedarf entspricht und gegebenenfalls kostspielige (da nicht selbst leistbare) Korrekturen oder Neubeauftragungen mit sich zieht« (Bundeskanzleramt o. J.: 7). Am Ende führt das zu höherer Abhängigkeit der Verwaltung. Diese kann nicht mehr frei über Ressourceneinsatz und Kooperationspartner entscheiden und landet in der bereits genannten Falle der digitalen Unsouveränität. Wenn aber staatliche Verwaltung nicht selbst definieren, bewerten und programmieren/entwickeln kann, entmachtet sich unser demokratisches Staatswesen über kurz oder lang selbst und begibt sich auf den Pfad eines digitalen Blackouts. Für eine nutzer:innenorientierte Entwicklung, die bislang die zentrale Antwort ist, um die digitale Transformation zu gestalten, fehlen in der Verwaltung derzeit – vor allem außerhalb der IT-verantwortlichen Stellen – die richtigen Strukturen.

Agilität ist für Organisationseinheiten immer dann von großer Relevanz, wenn man schnell und themenübergreifend Probleme lösen und Herausforderungen stemmen muss. In modernen Gesellschaften, die sich mit komplexen Problemlagen und Zusammenhängen konfrontiert sehen, ist die »alte« Struktur eines Staates, der in großen Verwaltungen agiert, offensichtlich nicht die schnellste Problemlösungsstruktur. Gleichzeitig haben wir gesehen, dass eine ordentliche Verwaltung ein großer Wettbewerbsvorteil sein kann und auch für das gemeinsame Zusammenleben zentral bleibt. Wir brauchen also ein neues Nebeneinander, besser noch ein Miteinander, dieser beiden Strukturprinzipien.

Dies ist eine schwierige Situation auch für unsere Demokratie, weil diese Kompetenzen in der Wirtschaft Standard sind und es im Sinne auch einer »Waffengleichheit« mit den großen Tech-Unternehmen darum geht, dass Staat und Gesellschaft ihnen in Mitteln und Möglichkeiten ebenbürtig sind. Nur, wenn es Verwaltung gelingt, ähnliche Problemlösungsmodelle anzuwenden und zu nutzen wie die, die es der Digitalindustrie erlauben, agil zu bleiben (vgl. Ries 2018), kann sie schritthalten mit den Entwicklungen. Das ist wichtig, weil natürlich auch die Fragen von Regulatorik in der Digitalisierung – bei den Arbeitsbedingungen für die neuen Plattformarbeiter, bei der Frage der kommerziellen Nutzung unser aller Daten sowie der Begrenzung der Einflussmöglichkeiten auf den gesellschaftlichen Diskurs – nur durch eine Verwaltung gestaltet werden können, die eine Ahnung davon hat, wie sich digitale Märkte entwickeln, wo die Möglichkeiten der Datenökonomie auch gesellschaftlich nutzbar gemacht werden können und wo zu verhindernde Manipulationsmöglichkeiten liegen.

Kompetenzprobleme entstehen auch bei den Fachverwaltungen, die ihren Bedarf definieren müssen, oder bei den Vergabestellen, die eine Bewertung der Ergebnisse vornehmen müssen. Politik und Verwaltung treffen grundsätzliche Entscheidungen, oft ohne in digitalen Fragen kompetent zu sein. Jurist:innen bereiten Entscheidungen vor, die aber die technischen Gegebenheiten auch nicht überblicken. Viele digitale Projekte verzögern sich bereits, bevor überhaupt ein Problem existiert, weil das Wissen darüber, wo die größten digitalen Stolpersteine aber auch Möglichkeiten liegen, unzureichend ist. Dann ist die öffentliche Hand auf Beratungsleistungen externer Kräfte angewiesen, kann aber gar nicht einschätzen, ob diese gut und ausreichend sind.

In dieser Lage ist es schwierig, Augenhöhe zu erreichen, wenn Facebook die Daten von WhatsApp technisch ohne größere Probleme »fusioniert« (Jakobs 2022: 307), der deutsche Staat aber nicht in der Lage ist, Daten der Bürger:innen aus vorhandenen Registern zusammenzuführen. Die Neuerfassung der Grundsteuer ist hier das »Mahnmal des Undigitalen«. Wir müssen jahrelang prüfen, ob »Gafam« Google (Alphabet), Amazon, Facebook (Meta), Apple, Microsoft wirklich unter die neue Regelung des Wettbewerbsrechts in Deutschland fallen, obwohl »jeder flüchtige Zeitungsleser ... hierzu eine eindeutige Meinung« hat, wie es Jakobs (2022: 308) so treffend zusammenfasst. Bisher ist jedes nationale erfolgreiche Verfahren gegen einen der »Big Five« des Tech-Business eigentlich am Ende doch ein Beleg dafür, dass wir es aufgrund der Mechanismen der Netzökonomie mit einem »System der Übermacht« zu tun haben. Dagegen gilt es, sich kontinuierlich zu wappnen, sozusagen einen »kontinuierlichen Verteidigungsprozess« zu starten.

Bisher greift der Staat bei der digitalen Transformation zu einem immens hohen Anteil auf externe Dienstleistungen zurück. Doch digitale Anwendungen durch eigene Vorarbeiten oder Tests selbst beurteilen zu können, ist wichtig, und der Staat hat hier eine besondere Verantwortung, da besagte Anwendungen nicht mehr nur Werkzeug sind, sondern schrittweise zu einem elementaren Instrument staatlichen Handelns werden.

Zudem ist die Gestaltung des digitalen Wandels eine gesamtgesellschaftliche, nicht nur rein technische Aufgabe, womit auch die eigentliche Softwareentwicklung vom Staat vermehrt unter strategisch-politischen Gesichtspunkten denn als technische Einkaufsangelegenheit verstanden werden muss.

Der Bedarf an externer Unterstützung ist aufgrund der engen Personalkapazitäten überall in der Verwaltung in den letzten Jahren sprunghaft angestiegen. Schätzungen zufolge hat sich das Gesamtvolumen an Beratungsprojekten im öffentlichen Sektor auf rund drei Milliarden Euro verändert. Im Untersuchungsausschuss zu den Beratungsverträgen im Bundesverteidigungsministerium musste die ehemalige Verteidigungsministerin Ursula von der Leyen bei ihrer Anhörung Anfang 2020 bestätigen, dass die Digitalisierung in der Bundeswehr und im Ministerium nicht mit eigenen Kapazitäten durchgeführt werden kann. Hier entstehen eben nicht nur hohe Kosten für externe Beratungen, sondern es sind steigende Abhängigkeiten sowie Wissenstransfer von und an wenige große Dienstleister des Staates zu beobachten.

Darauf braucht es Antworten. Diese liegen im Aufbau eigener Kapazitäten auf der einen Seite und in der Bereitstellung entsprechender Werkzeuge auf der anderen Seite. Was nun so technisch klingt, ist aus Sicht unseres demokratischen Gemeinwesens zentral. Thomas Leif (2006) hat schon sehr früh auf die Macht der Beratungsunternehmen hingewiesen. Wir sind mittlerweile in einer Situation, dass es ein gemeinsames »Ökosystem« gibt, wie es neudeutsch heißt. Das ist an sich nicht problematisch, solange klar ist, wer den Hut auf hat bei der Digitalisierung des Staates.

2017 hat der Bundesrechnungshof dieses Problem deutlich festgestellt. Bei einer Prüfung des Bundesinnenministeriums im Bereich der Beraterverträge für die Digitalisierung kam er zu dem Ergebnis, dass Beratertätigkeiten ohne erwarteten Beratungserfolg geplant werden und die Verwaltung vor allem nicht in der Lage sei, die Arbeitsqualität der Berater hinreichend zu bewerten, da ein systematisches Qualitätsmanagement und teilweise Expertise zur Abnahme von Arbeitsergebnissen fehle. Rahmenverträge mit externen Beratungsdienstleistern unterstützen zudem kaum oder nur sehr gering ein gemeinsames Erarbeiten, einen intrinsischen Wissenstransfer und vor allem – was keine Kritik an den handelnden Personen ist – eine Befähigung der Verwaltung.

Hier gibt es einen Interessenskonflikt. Bei einer umfassenden Wissensübertragung würden sich externe Dienstleister der eigenen Geschäftsgrundlage berauben, nämlich des Kompetenz- und Wissensvorteils gegenüber dem Auftraggeber. Aus staatlicher Sicht ist dies aber nur hinnehmbar bei nicht dauerhaft in der Verwaltung notwendiger Expertise. Bei umfassenden und langfristigen Projekten zur Verwaltungsmodernisierung ist eine solche strukturelle Abhängigkeit der Anfang eines schleichenden Blackouts.

Das betrifft aber nicht nur die Steuerungsfähigkeit des Staates. Es geht – und dies ist langfristig deutlich fataler – auch die Innovationskraft verloren. Das sollte insbesondere die Politik stutzig machen. Umfragen zeigen, dass die Zukunftskompetenz keiner Partei zugetraut wird. Die Antworten auf die Frage, wer die besten Antworten auf die Herausforderungen der Zeit habe, lassen Politiker:innen aller politischer Couleur nicht gut aussehen. Der Staat muss aber als Innovator da sein, wenn wir auch zukünftig Zusammenhalt und wirtschaftliche Entwicklung stärken wollen (Mazzucato 2020). Der Verlust der Innovationskraft rührt daher, dass beim Abruf von Leistungen aus Rahmenverträgen von der Industrie nur die gängigen Entwicklerprofile bedient werden können. Dies mag zur Erfüllung des Standardgeschäfts geeignet sein, eignet sich jedoch kaum, um Innovationen voranzubringen oder für Konstellationen, in denen Spezialkompetenzen gefragt sind.

## Zwei Digitalrisse in unserer Gesellschaft

»Die Corona-Pandemie hat dazu geführt, dass die Digitalisierung in der deutschen Wirtschaft stark an Bedeutung gewonnen hat«, stellt der zentrale IT-Branchenverband Bitkom in einer ersten Zwischenbilanz Ende des Jahres 2020 fest. Dieser Satz ist mittlerweile zu einer Binsenweisheit geworden. Gleichzeitig sieht man aber überall, dass digitale Anwendungen und Fähigkeiten sehr unterschiedlich verteilt sind. Das führt dazu, dass aufgrund der unterschiedlichen Digitalisierung der staatlichen Ebenen und der Bevölkerung auch die Spaltung der Gesellschaft zunimmt. Dies bestätigt der Blick auf die digitalen Fähigkeiten der Bevölkerung. Nur wer über solche verfügt, kann selbstbestimmt digitale Anwendungen und Geräte nutzen. Gleichzeitig können nur so die Risiken durch die Digitalisierung eingeordnet werden.

In Deutschland bestehen demnach zwei Digitalrisse in der Gesellschaft: Zum einen verfügt der Großteil der Bürger:innen über Anwendungskompetenzen. Gleichzeitig verstehen nur wenige die hinter den digitalen Anwendungen liegenden Mechanismen. Zum anderen bestehen starke Unterschiede zwischen Jung und Alt, höherem und niedrigem Bildungsgrad sowie höherem und niedrigem Einkommen und der Art und Weise, wie digitale Anwendungen in der Arbeitswelt genutzt werden. Besonders ins Gewicht fällt, dass wir in Deutschland ein sogenanntes Innovativeness-Needs-Paradox haben: Menschen, die in bestimmten Lebenssituationen besonders von der Digitalisierung profitieren könnten, leben in Unwissenheit über deren Angebote und sehen daher auch nicht die Notwendigkeit, ihre digitalen Kompetenzen zu verbessern. Dies alles hat sich in der Corona-Pandemie noch verschärft.

Zwar haben wir in Deutschland die sich ungeplant vollziehende Digitalisierung vieler Lebensbereiche gut gemeistert – durch Ausnutzen von Homeoffice-Lösungen zum Beispiel. Doch die Baustellen sind groß und werden größer, da die Ansprüche an die digitale Infrastruktur und Daseinsvorsorge natürlich weiterwachsen. Die größten Baustellen: der stockende Breitbandausbau und das Stadt-Land-Gefälle bei der Bandbreite. Hinzu kommt der ausbaufähige Digitalisierungsgrad der öffentlichen Verwaltung. Die Erwartungen steigen: So äußern 86 Prozent der Internetnutzer:innen in Deutschland, dass sie in Zukunft Onlinedienstleistungen der staatlichen Einrichtungen stärker nutzen wollen (Forsa 2021: 17 und 39). Die Skepsis aber überwiegt in der gleichen Umfrage. Nur ein Drittel der Befragten glaubt, dass Behördengänge in den kommenden fünf Jahren digital möglich sein können. Der Rest erwartet dies erst in zehn bis 20 Jahren. Im Bereich der Nutzung ist also besonders viel zu tun, und es gibt besonders hohe Erwartungen. Gleichzeitig gilt aber auch: Die Bürger:innen kennen die schon vorhandenen digitalen Verwaltungsangebote wenig, nutzen sie selten und sind – wenn sie sie nutzen – mit der Qualität der bereitgestellten Leistungen äußerst unzufrieden.

Die Corona-Pandemie hat zwar den beschriebenen gesellschaftlichen Digitalisierungsschub ausgelöst, bei der Nutzung digitaler Verwaltungsleistungen durch die Bürger:innen ist dieser Effekt jedoch ausgeblieben – oftmals allein deswegen, weil Leistungen entweder nicht digital angeboten wurden oder das Angebot nicht bekannt ist. Und die Onlinebuchung des Hochzeitstermines ist keine Digitalisierung, auf der sich eine Wirtschaftsnation wie Deutschland ausruhen kann.

Doch anstatt als Beschleunigerin zu wirken, scheint die Pandemie bei der Nutzung digitaler Möglichkeiten eher eine Stagnation auszulösen. Die Nutzung digitaler Verwaltungsleistungen ist in Deutschland während Corona sogar leicht zurückgegangen (minus 2 Prozent) und liegt aktuell bei 52 Prozent. Auch einzelne Dimensionen der Zufriedenheit wie Zuverlässigkeit der Systeme, einfache Bedienbarkeit, Aktualität der Inhalte und Auffindbarkeit der benötigten Informationen werden durchgängig schlechter bewertet. Zum Vergleich: In Österreich nutzen 76 Prozent der Österreicher E-Government (plus 4 Prozent), in der Schweiz sind es 60 Prozent). E-Government ist der etablierte, aber auch etwas verstaubte Oberbegriff über die Nutzbarmachung elektronischer Verfahren für staatliches Handeln. Wir sprechen in diesem Buch an den meisten Stellen daher von digitaler Verwaltung oder dem digitalen Staat.

Wenn man in die Schulen blickt, so sieht man auch, dass Corona zwar zu mehr Digitalisierung, aber zu wenig nachhaltiger Auseinandersetzung mit den Möglichkeiten des digitalen Lernens geführt hat. Der Vorsitzende der Telekom-Stiftung, der ehemalige Innenminister Thomas de Maizière, beschreibt es aus unserer Sicht sehr zutreffend (zitiert nach Olbrisch 2022): »Viele junge Menschen hätten aus der Zeit von Schulschließungen und Wechselunterricht einen geübteren Umgang mit digitalen Medien, bessere Selbstorganisation und mehr Eigenständigkeit beim Lernen mitgenommen.« Er hat recht, wenn er fordert, dass es nun die Aufgabe der Politik ist, dies nachhaltig zu verstetigen. Wie in vielen Bereichen stellen wir fest, dass in der Schule vieles nun wieder genauso ist wie vor der Corona-Pandemie.

Eine Allensbach-Studie zeigt, dass dies nicht nur eine Vermutung zu sein scheint: »Rund ein Drittel der befragten Kinder und Jugendlichen gaben an, dass der Unterricht an ihrer Schule im Hinblick auf den Einsatz digitaler Medien ›genauso wie vor Corona‹ stattfinde. Weitere 44 Prozent sagten, dass es nur ›noch einige digitale Angebote‹ an ihrer Schule gebe« (Olbrisch 2022). Auch so etwas beschleunigt die digitalen Risse in unserer Gesellschaft.

So wird von den Schulen kritisiert, dass das Antragsverfahren für die Beantragung von Geldern aus dem Digitalpakt zu kompliziert ist. Der Vorsitzende der Bundesdirektorenkonferenz kommentiert, dass eben dieser Digitalpakt eine Wunde offengelegt hat, die es an Schulen schon immer gab: das Aufreiben zwischen den unterschiedlichen Parteien, vom Schulträger über die kommunale-, landes-, und Bundesebene. Somit können wir auch festhalten, dass nicht immer die Digitalisierung selbst das Problem ist, sondern die bereits vorhandenen Probleme besonders betont.

Eines der größten Probleme im Rahmen der Digitalisierung, aber mittlerweile auch im politischen Kontext ist, dass der Glaube besteht, mit Geld Probleme lösen zu können. Ob technische Hardware oder IT-Support. Geld ist eine Notwendigkeit. Wer allerdings kein Personal für die Strategie und die Umsetzung sowie den Support findet, der wird auch mit einer finanziellen Ausstattung keinen Erfolg haben. So zeigt sich insbesondere beim Digitalpakt folgendes und oftmals klassisches Problem: Die Sofortausstattung zur Anschaffung von Leihgeräten für Schüler:innen und Lehrkräfte war durchaus erfolgreich. Was allerdings mit den Geräten konkret im Unterricht gemacht wird, wie diese sinnvoll und unterstützend eingesetzt werden, dies ist dann nicht mehr bedacht worden. Und somit muss dafür gesorgt werden, dass auch der digitale Alltag in den Schulen klug konzipiert wird, damit nicht wieder der »Whiteboard-Effekt« entsteht: Hardware ja, Umsetzung nein.

Das zeigt ein Problem, welches wir in diesem Buch immer wieder ansprechen: Wir müssen endlich aufhören, immer wieder die gleichen Fehler machen.

Denn besonders in den Schulen kennen wir diesen Effekt: Bereits in den 1990er-Jahren wurden nicht mehr genutzte aber funktionsfähige Computer aus der Wirtschaft an Schulen weitergegeben. Die Schulen haben damals diese ausrangierten Computer also gerne angenommen. Jedoch stellte man recht schnell fest, dass diese auch gewartet etc. werden müssen. Da das nicht immer der Fall war, gab es in den Schulen vielfach Räume, in denen Rechner dann standen, aber kaum bis nie genutzt worden sind. Damals wurde die Digitalisierung an Schulen vor allem durch privatwirtschaftliche Projekte umgesetzt. Über diesen Status sind wir nun hinaus.

Bei der digitalen Infrastruktur wird zum Glück ein anderer Weg beschritten. Es ist für alle klar, das Schulen besonders schnell ans Gigabit-Netz angeschlossen werden müssen. Sie werden in der Breitbandförderung beim Ausbau vorrangig mit bedacht.

Kommen wir zurück zu den zwei Digitalrissen. Diese sieht man auch bei den Gründen für die Nicht-Nutzung digitaler Verwaltungsangebote. So werden entweder fehlende Anwendungen auf der einen Seite kritisiert, bei den anderen Antworten sind es dann vor allem fehlende Anlässe und die leichtere (!) Erledigung durch den physischen Behördengang, die angeführt werden. Bemerkenswerterweise sieht die Entwicklung so aus, dass digitale Angebote gar noch schlechter werden und die Aufwände, diese Angebote zu nutzen, immer komplexer werden. Nutzungszwänge solcher Serviceangebote werden auf diesem Weg nicht zu mehr Akzeptanz führen. So wird auch der elektronische Personalausweis aufgrund fehlender Anwendungsmöglichkeiten nur von einem Bruchteil als tatsächlicher Mehrwert angesehen. Dabei zeigt sich aber, wenn konkrete Nutzungsanlässe wie beim digitalen Impfausweis oder der Onlinebeantragung von Briefwahlunterlagen gegeben sind, werden diese auch verstärkt genutzt. Eventuell sind auch weitere Zugangsmöglichkeiten relevant. So wird in Köln gerade in einem Pilotprojekt getestet, dass Personalausweise in Sparkassenfilialen ausgestellt werden. Die Hürden für eine (intensivere) Nutzung von E-Government sind vielfältig und man kann auch hier die Spaltung zwischen den Bevölkerungsgruppen beobachten: Für jüngere Menschen stellen bei der Nutzung digitaler Verwaltungsleistungen insbesondere die fehlende Auffindbarkeit und die Durchgängigkeit von Angeboten eine Hürde dar. Ältere Menschen bevorzugen generell den klassischen Behördengang und den persönlichen Kontakt.

Die Bedienungsfreundlichkeit von digitalen Verwaltungsleistungen sind weitere Spaltungslinien in Deutschland. So sagen in Deutschland 53 Prozent der Befragten, dass E-Government ihnen leichtfällt, für sonstige Onlinedienstleistungen sind dies 76 Prozent. Es besteht also die ernsthafte Gefahr, dass die deutsche Verwaltung an Ansehen verliert, wenn sie sich nicht endlich entschlossen und motiviert auf den Weg macht, die Herausforderung der digitalen Transformation anzunehmen. Bislang gilt, dass der eingeschlagene Weg auf wenig Bekanntheit und Akzeptanz stößt. Moderne Verwaltungsangebote wie Verwaltungsportale oder die zentrale Behördennummer erreichen die Bürger:innen nicht. So liegt die Nutzung des Onlineausweises bei lediglich neun Prozent, die Behördennummer 115 kennt nur jeder dritte Befragte (31 Prozent) in der Umfrage zum eGovernment Monitor 2021. Die schon bestehenden Verwaltungsportale von Bund und Ländern werden selten als Einstieg für E-Government genutzt. Zwar sind die Länderportale bei rund der Hälfte der Befragten bekannt, von diesen nutzt allerdings lediglich ein

Drittel das Angebot (16 Prozent). Zwar empfindet eine deutliche Mehrheit die digitale Abwicklung von Behördengängen als Erleichterung (66 Prozent), allerdings ist die Bereitschaft, künftig E-Government zu nutzen, mit 70 Prozent etwas geringer ausgeprägt als noch zu Beginn der Pandemie. Das gilt auch für die deutschen Unternehmen: Die Onlinebeantragung staatlicher Unterstützungsleistungen befindet sich mit 17 Prozent auf einem niedrigen Niveau.

## Rezepte nicht digital: Woran der digitale Sozialstaat scheitert

Was bedeutet die Digitalisierung für unser Zusammenleben? Meistens werden die Möglichkeiten und Herausforderungen am Beispiel der Bildung diskutiert. Doch angesichts des demografischen Wandels wollen wir uns darauf fokussieren, wo die Potenziale für eine sorgende Gesellschaft liegen. Was bedeuten die digitalen Möglichkeiten für die steigenden Pflegebedarfe? Meistens werden hier Erwartungen formuliert, dass dadurch der Verbleib älterer Menschen in den eigenen vier Wänden sicherer und selbstständiger gemacht werden könne. Ein Ziel, was den Bedürfnissen der meisten Menschen entspricht. Auch wenn dabei Kosteneinsparungen erzielt werden können, so führen aber in diesem Bereich die bisherigen Anstrengungen ebenfalls nicht zum Ziel. Die Technik – außer des aktiven Notrufs – hat sich nicht durchgesetzt. Auch hier warten wir auf einen digitalen Sprung und manövrieren uns in eine Infarkt-Situation. Die Gründe sind beispielhaft für viele andere Bereiche unseres gesellschaftlichen Zusammenlebens, wo Digitalisierung scheitert. Unübersichtliche Situationen bei der Einführung von digitalen Anwendungen oder ein unklarer Nutzen der Anwendungen schlagen hier ebenso zu Buche wie die mangelhafte Kompatibilität zwischen verschiedenen Herstellern. Vor allem sind es aber die immer noch hohen Kosten und fehlenden oder unzuverlässigen verknüpften sozialen und gesundheitlichen Angebote (zum Beispiel: fehlende Einkaufshilfe, Haushaltshilfe, Betreuung, Beratung, Telemedizin, und so weiter). Die Digitalisierung in der Gesellschaft scheitert also auch deswegen, weil zu wenig an die Menschen und deren Bedürfnisse gedacht wird. Sie ist kein Selbstzweck. Auch hier geht es nie um »die« Digitalisierung, sondern darum, die Menschen zu entlasten und zu unterstützen. Bislang funktioniert die Politik in diesem Bereich aber genauso: Es geht um »die« Digitalisierung. Oft leider ohne Konzept und daher ohne Sinn und Verstand, wir kommen auf dieses Prinzip noch einmal zurück. Für häuslich gepflegte Versicherte besteht zum Beispiel ein Anspruch auf digitale Pflegeanwendungen in Höhe von bis zu 50 Euro pro Monat. Und auch hier zeigt sich, dass zuerst der Anspruch bestand. Voraussetzung für ergänzende digitale Unterstützungsleistungen durch ambulante Pflegedienste ist die Aufnahme der Angebote in ein zentrales Verzeichnis. Ein Blick Ende des Jahres 2022 in dieses Verzeichnis: Es gibt noch keine dort verzeichneten digitalen Pflegeanwendungen.

Sinnvoller als so ein kleiner Beitrag, der im Großen eine enorme Summe bindet, sind daher Vorhaben, die die Telepflege im Gesamten stärken. So stellte der Ausgleichsfonds der Pflegeversicherung Fördermittel für eine wissenschaftlich gestützte Erprobung von Telepflege zur Verfügung. Wenn diese Bereiche ab 2024 auslaufen, bedarf es einer Evaluation und dann eines flächendeckenden Telepflege-Angebots. Hier erfordert eine gelingende Digitalisierung eine verbindliche Anbindung der ambulanten Pflegedienste und der stationären Pflege an die Telematik-Infrastruktur. Diese vernetzt die Pflegeeinrichtungen mit anderen Institutionen des Gesundheitswesens – etwa mit Fach- und Hausarztpraxen, Apotheken, Krankenkassen, Physiotherapiepraxen sowie Reha- und Vorsorgeeinrichtungen. Dabei sollen die hierzu gehörenden Anwendungen zukünftig verstärkt auch für den mobilen Einsatz auf Smartphones und Tablets weiterentwickelt werden. Hiervon würden auch ambulante Pflegedienste profitieren, die die verschiedenen Anwendungen dann ortsunabhängig nutzen können.

Anwendungen der digitalen Infrastruktur sind beispielsweise die elektronische Patientenakte (ePA), deren Einführung jetzt nach 20 Jahren endlich Fahrt aufnehmen soll, der elektronische Medikationsplan, elektronische Notfalldaten und die elektronische Ausstellung, Übermittlung und Weiterverarbeitung ärztlicher Verordnungen. Gleichzeitig führen aber auch Telenotarztsysteme, wie sie stellenweise in Deutschland eingeführt sind, oder der Einzug von Künstlicher Intelligenz in die Arbeit der Leitstellen zur Verbesserung der Versorgungslage der Menschen. Sie alle bringen uns weiter als 50 Euro Pauschale.

Doch das Beispiel des E-Rezepts, das sich seit dem Spätsommer 2022 in einer Test- und Pilotphase befindet, zeigt, wie weit unser Weg zu einem digitalen Sozialstaat noch zu gehen ist. In der ersten Phase erfolgte eine Einführung in den Arzt- und Zahnarztpraxen der Startregion Westfalen-Lippe sowie in den Zahnarztpraxen in Schleswig-Holstein. Die restlichen Regionen sollten in zwei weiteren Phasen erfolgen. Unmittelbar nach dem Start legte der Bundesdatenschutzbeauftragte ein Veto gegen den Plan zur Nutzung von Versichertenkarten ein. Die Verwendung der Versichertenkarte ist eine von mehreren Möglichkeiten zur Einlösung eines E-Rezeptes. Die anderen Möglichkeiten zur Einlösung des E-Rezeptes finden offenbar jedoch zu wenig Akzeptanz bei den Nutzenden. Der Bundesdatenschutzbeauftragte kritisiert, dass die vorgeschlagene Lösung zur Nutzung der Versichertenkarte in der jetzigen Konzeption dazu führe, dass auf Basis der Krankenkassennummer von 18.000 Stellen in Deutschland einsehbar sei, welche E-Rezepte die Person derzeit noch nicht eingelöst habe. Hierdurch seien Rückschlüsse auf damit zusammenhängende Krankheiten möglich. Wichtige Hinweise, die bereits konzeptionell hätten auffallen müssen und nun wieder zur Verzögerung führen.

# 3.

# Angriffe auf Infrastruktur und aus dem Cyberraum – die Gefahr des digitalen Blackouts

In der heutigen Welt, die immer mehr auf vernetzte und digitale Technologien baut, muss Cyber- und Informationssicherheit als gesamtstaatliche Aufgabe verstanden und umgesetzt werden. Die Cybersicherheit bezieht sich auf den gesamten Bereich des Internets und jeglicher Netzwerke. Informationssicherheit befasst sich mit den Grundwerten der Vertraulichkeit, Integrität und Verfügbarkeit von Informationen – egal ob digital oder analog. Hier liegen unsere konkreten Sorgen über einen richtigen digitalen Blackout. Wir sind immer stärker auf digitale Lösungen angewiesen – und je mehr wir den Weg verfolgen, den wir hier vorschlagen, umso verletzlicher wird die Infrastruktur der digitalen Gesellschaft. Sowohl die Anfälligkeit der Informationstechnik als auch der steigende Nutzungsumfang erhöhen die Gefahren von Cyberangriffen. Wenn immer mehr digital abläuft, werden auch die Angriffsziele für Terror oder die Auswirkungen von Naturkatastrophen immer dramatischere Ausmaße annehmen. Die Cyber- und IT-Bedrohungslage ist mit zunehmender Digitalisierung gestiegen und hat in den vergangenen Jahren ein anhaltend hohes, angespanntes Niveau erreicht.

Lenken wir unsere Blicke zunächst auf die Spionage- und Sabotageaktivitäten im Cyberraum: Dort versuchen private Kräfte und staatliche Akteur:innen Wettbewerbsvorteile durch Nutzung fremden Know-hows, Sabotage oder Beschädigungen bei Mitbewerber:innen zu erreichen.

Die Anzahl erfasster Cyberstraftaten erreicht regelmäßig neue Höchstwerte: Für 2021 verzeichnet das Bundeskriminalamt in seinem Bundeslagebild Cybercrime mit 146.363 Delikte einen Anstieg von mehr als zwölf Prozent gegenüber dem Vorjahr. Besondere Sicherheitsvorfälle, interne und externe Bedrohungslagen der vergangenen Zeit waren beziehungsweise sind die Microsoft Exchange-Schwachstelle »ProxyLogon«, die »Log4Shell«-Schwachstelle, die so verbreitet war, dass tagelang das Internet »brannte«, Ransomwareangriffe auf der kommunalen Ebene wie zum Beispiel auf die Landkreisverwaltung Anhalt-Bitterfeld und den Rhein-Pfalz-Kreis.

## Kommunalverwaltungen unter Druck

Am 6. Juli 2019 um 6:45 Uhr fuhr ein Mitarbeiter des Amts für Brandkatastrophenschutz und Rettungsdienst im Landkreis Anhalt-Bitterfeld seinen Rechner hoch und wurde von der Nachricht begrüßt: »Landkreis Anhalt-Bitterfeld, you are fucked. Do not touch anything.« Eine Ransomware hatte den Landkreis lahmgelegt und zum deutschlandweit ersten Cyberkatastrophenfall geführt. Von einem Tag auf den anderen funktionierte nichts mehr außer der Telefonanlage. Keine der rund 160 Fachanwendungen in der Verwaltung konnte bedient werden, alle Computer mussten vom Netzwerk getrennt werden. KFZ-Anmeldungen, Führerscheinausstellungen, Elterngeldanträge – auf keine Fachanwendungen konnte mehr zugegriffen werden. Der digitale Blackout war unumgänglich, und er hielt lange an. Der Katastrophenfall wurde erst im Februar 2022 wieder aufgehoben. Die Rekonstruktion der Daten und die Wiederinbetriebnahme des IT-Netzes dauern derzeit immer noch an. Insgesamt wurde bislang ein monetärer Schaden von circa 2 Millionen Euro verursacht. Nach derzeitigen Schätzungen konnten zwar 80 bis 90 Prozent der Daten aus den Datensicherungen rekonstruiert werden. Der Wiederaufbau des Verwaltungsnetzes musste aber komplett und von Grund auf neu erfolgen. Der Katastrophenfall bestand in Sachsen-Anhalt sieben Monate. Auch zu der Zeit, in der wir das Buch schreiben, sind die Auswirkungen immer noch spürbar, und es ist noch nicht alles wieder »wie früher« hergestellt. Die Erpressungssumme betrug 500.000 Euro. Täter oder Einfallsvektor konnten nicht ermittelt werden.

Das zweite prominente Beispiel einer Attacke gegen die öffentliche Hand ist in der Zeit, in der wir dieses Buch schreiben, neben dem Landkreis Anhalt-Bitterfeld der Rhein-Pfalz-Kreis. Dessen Verwaltung wurde in der Nacht auf den 21. Oktober 2022 Opfer eines Cyberangriffs. Die Täter haben die komplette Hauptverwaltung des Landkreises lahmgelegt. Es gelang ihnen, IT-Systeme – Arbeitsplatz-PCs und Server – durch einen Ransomwareangriff zu verschlüsseln. Die Bilanz des Angriffs: Sensible Daten flossen ab, der Landkreis wurde erpresst und die Daten nach der Weigerung einer Lösegeldzahlung im Darknet veröffentlicht. Das Wiederaufnehmen der Verwaltungstätigkeit ging auch hier nur schleppend voran: Sowohl das Landkreisnetzwerk als auch die über 100 Verwaltungsfachverfahren erfolgten nur schrittweise. Die Verwaltung baute eine Notverwaltung mit Arbeitsplätzen und verschiedenen PCs in den Außenstellen des Kreises auf. Gleichzeitig unternahm der Kreis eine Öffentlichkeitskampagne, um sehr früh über den Angriff und dessen Folgen zu berichten und – wie der Datenschutz es bei uns vorsieht – alle betroffenen Personen zu informieren. Das große Aufräumen des Schadens zieht sich auch hier monatelang hin. Eine Erfahrung, die neben den Unternehmen und Verwaltungen auch die deutschen Industrie- und Handelskammern erleben mussten.

Aber es trifft immer mehr Verwaltungen, öffentliche Stellen und auch große Unternehmen. Ein stark verbreitetes Schema sind sogenannte Ransomwareangriffe. Da sticht das Beispiel Continental hervor. Der niedersächsische Automobilzulieferer wurde Opfer einer solchen Attacke und sollte 50 Millionen Dollar für seine abgeflossenen Daten zahlen. Bemerkenswert bei diesem Beispiel ist, dass das Unternehmen zunächst dachte, es würde die Datendiebe auf frischer Tat überführen. In der Öffentlichkeit verkündete man zunächst, dass man Opfer sei, die Täter aber wieder aus seinen Systemen vertrieben habe. Das stimmte auch. Als dramatisches Problem stellte sich aber heraus, dass die Täter sich schon Wochen vorher Zugang zu den sensiblen Daten verschafft hatten. Eine Erkenntnis, die alle potenziell Betroffenen – also alle, die Daten auf Servern speichern – berücksichtigen sollten. Niemals sicher sein, ob nicht doch ungebetene Besucher im System sind. Die Täter merkt man nicht immer beim unmittelbaren Betreten der eigenen Datenschätze, leider. Sie werden oft erst Wochen später aktiv, sind unbemerkt im System, manchmal inaktiv, manchmal schauen sie sich nur um. Meistens aber gilt: Das Datum der Tat ist selten der Zeitpunkt des wirklichen Überfalls.

Ein Grundproblem in Deutschland ist, dass kein einheitliches und landesweit ausreichend hohes Niveau der Cyber- und Informationssicherheit bei den Kommunen vorhanden ist. Manche Kommunen sind bereits weiter fortgeschritten, andere weniger weit, und auch innerhalb einer Kommune kann es erhebliche Unterschiede geben. Hinzu kommt, dass sich Kommunen teilweise in einem gemeinsamen Informationsverbund mit Einrichtungen der jeweiligen Länder befinden, beispielsweise durch Anschluss der Kommune an das Landesnetz. Innerhalb eines Informationsverbundes besteht eine gemeinsame Verantwortung für das Sicherheitsniveau, denn Defizite bei einem Mitglied des Verbunds können Folgen für andere Mitglieder des Verbunds haben. Gleichzeitig zeigen einige Fälle sehr deutlich, dass auch die Nutzung von externen Diensten und Infrastrukturen keinen Schutz per se darstellt. Und wenn dann Systeme kompromittiert werden, die nicht im eigenen Schutzbereich liegen, wird die Komplexität in der Bekämpfungssituation noch zusätzlich gesteigert.

## Demokratie unter Beschuss

Wie es auch durch zu viel Digitalisierung zu einem gesellschaftlichen digitalen Blackout kommen kann, zeigt sich in unserem Verhalten bei der Nutzung sozialer Medien. Studien zum Nutzungsverhalten der sozialen Netzwerke senden verschiedene Signale. Zunächst herrschte die Sorge vor Filterblasen, die zu einseitigen Informationen und zum Erliegen des gesellschaftlichen Diskurses führen. Am Ende steht dann eine einzige große Sprachlosigkeit bei bestimmten Themen, die unterschiedlich bewertet werden. Wie sich gesellschaftliche Entwicklungen durch soziale Medien beschleunigen, hat Jürgen Habermas (2022) jüngst noch einmal deutlich gezeigt. Ebenfalls in jüngster Zeit wird seit dem Kauf von Twitter durch Elon Musk wieder darüber diskutiert, was mit unserer

Gesellschaft passiert, wenn zentrale Kommunikationsplätze nicht nur privatisiert, sondern unmittelbar in die Einflusssphäre einzelner Personen wie Musk oder Zuckerberg geraten. Von den Musk'schen Vorstellungen einer unmittelbaren digitalen Stadtgesellschaft, die ihre zentralen Marktplätze besitzt, wo vermeintlich ohne Scheuklappen und ideologische Begrenzung diskutiert würde, warnen wir hier ausdrücklich. Die Rückkehr Trumps zu Twitter ist dabei nicht das Problem, sondern vielmehr die verklärte Vorstellung über die angeblich vitalisierende Wirkung einer solchen regellosen Kommunikation. Zumal Elon Musk ja auch bewusste unternehmerische Entscheidungen trifft, seitdem er Twitter besitzt, die den freien Fluss der Informationen und die Meinungsfreiheit einschränken. Hier besteht eine große Gefahr für unser Zusammenleben durch zu viel Digitalisierung. Begrenzung und kleine Diskussionsorte sind friedens- und demokratiefördernder als die Entkultivierung durch grenzenlose Hasskommunikation (Thiel 2021). Robert Simanowski (2022) weist zurecht darauf hin, dass technologischer Fortschritt eben nicht automatisch auch gesellschaftlichen Fortschritt bedeutet. Es geht bei der demokratischen Gestaltung der Digitalisierung darum, diesen negativen Entwicklungen und den von Frank Rieger beklagten »Unannehmlichkeiten, Nebenwirkungen und der Gefährdung der demokratischen Strukturen der westlichen Gesellschaften« entgegenzutreten. Lange Zeit war die Digitalisierung mit der an vielen Stellen naiven Vorstellung verbunden, dass hier ein Ort der demokratischen Deliberation entstünde. Dann wurde kritisiert, dass man sich zu stark in Filterblasen bewegen würde. Jetzt gibt es die Ansicht, dass Kommunikation in der eigenen Filterblase sogar dem Gemeinwohl zuträglicher sei, als sich über soziale Medien gegenseitig in Rage zu bringen.

Im politischen Kontext wurde die Digitalisierung zu lange zu stiefmütterlich betrachtet. Der Breitbandausbau war durch mehrere Ankündigungen versprochen worden. Dies kulminierte in der Aussage von Angela Merkel, dass das Internet »Neuland« sei. Durch diese zögerliche Haltung der Politik konnte sich ein Biotop entwickeln, das nicht nur zuträglich für das Miteinander ist, sondern unsere Demokratie auch untergraben kann. Anstatt sich – wie die rheinland-pfälzische Ministerpräsidentin Malu Dreyer – über den Landesrat für digitale Entwicklung und Kultur schon früh in den Dialog mit der digitalen Zivilgesellschaft zu begeben, reagierten vor allem konservative Politiker:innen mit Entscheidungen, die zwar in der allgemeinen Wahrnehmung kaum bis gar nicht zur Kenntnis genommen wurden, aber dennoch gravierende Ausmaße angenommen haben. So gab es die ersten intensiven politischen Grabenkämpfe bereits 2007, rund um das Thema der sogenannten Stasi 2.0. Hintergrund waren von dem damaligen Innenminister Wolfgang Schäuble vorangetriebene, bereits teilweise praktizierte Überwachungsmaßnahmen, Onlinedurchsuchungen sowie die umstrittene Vorratsdatenspeicherung. Im Jahr 2009 kam dann mit »Zensursula« ein neues Vorhaben, welches sich auf die Sperrung von bestimmten Webseiten bezog. Da sich Netzsperren als weder praktikabel noch effektiv erwiesen, wurde auch gegen diese Sperren mobilisiert und an vielen Orten demonstriert. Der historische Rückblick ist umso wichtiger, da diese zeitlichen Zusammenhänge – also sowohl die Einführung des iPhones als auch die Ausweitung der sozialen Netzwerke sowie die politischen Überwachungsideen – zeitlich sehr eng beieinanderlagen und die positive Entwicklung des Internets in Deutschland hemmten. Im Nachhinein sind diese beiden Auseinandersetzungen Anlässe, die das Vertrauen in digitalpolitische Entscheidungsträger:innen nachhaltig gestört haben. Man hat über die folgenden Jahre erleben können, dass kaum eine politische Entscheidung positiv aufgenommen worden ist. Es ist ein chronisches Misstrauen entstanden, welches bis heute anhält. Staatliche Überwachung oder unternehmerische Datenkontrolle führen beide in Abhängigkeiten und den schleichenden Blackout.

Wir brauchen also im Digitalen auch einen demokratischen Aufbruch. Beth Noveck (2009) weist zurecht auf die Chancen einer kollaborativen Demokratie hin, in der die Digitalisierung es ermöglicht, dass Bürger:innen sich aktiv in die Regierungsarbeit einbringen und diese als eine offene Plattform begreifen. Dann gibt Politik durch offene Daten die Möglichkeit, sich einzubringen. Wenn wie in Deutschland aber Landesregierungen zu unterbinden versuchen, dass ihre Datensätze zur Verbesserung der Vergleichbarkeit und Steuerbarkeit eingesetzt werden, beschleunigen wir auch hier den digitalen Abstieg. Dass Bayern versucht, einer kritischen Gruppe zu untersagen, über öffentlich verfügbare Geodaten einen Vergleich der unterschiedlichen rechtlichen Bedingungen für Erneuerbare Energie darzustellen, zeigt leider, wie weit wir noch davon weg sind, wirklich »Open Government« zu leben. Dabei stecken hierin große Chancen. Eher jedenfalls als die Annahme, dass auch die Bereitschaft zur Partizipation durch digitale Formate gesteigert wird. Dem steht neben technischen Hürden, wie versagende Videokonferenzen oder die geringe Anzahl von Menschen, die an digitalen Beteiligungsformen teilnehmen, auch die Erkenntnis entgegen, dass Demokratie vom unmittelbaren Austausch lebt.

Es zeigt sich, dass auch im politischen Alltag digitale Elemente immer breiteren Raum einnehmen. Social Media wird weiterhin wichtiger: Facebook, Twitter, Instagram und vieles mehr. Ziel ist es, die eigenen Truppen zu mobilisieren und neue, unentschlossene Wählergruppen zu erreichen. Hier gelten eigene Regeln, Kampagnen müssen raffinierter und zielgruppenspezifischer sein. Im Wahlkampf sind die Inszenierungen digitaler Parteitage dazugekommen. Diese für die Binnenmotivation wichtigen Instrumente sind nun unmittelbarere Formate. Parteien können gezielt Botschaften an den etablierten Medien vorbei senden und Botschaften formulieren. Dafür ändern sich die Abläufe, Reden werden kürzer und es kommt zu sehr positiven Rückmeldungen auch der Parteibasis. Aus Sicht der Parteien kann so ein inhaltlich noch mehr fokussierter Wahlkampf stattfinden. Am Beispiel dieser Parteitage zeigt sich aber auch, dass es durch die Digitalisierung der Demokratie nicht nur Licht, sondern eben auch Schatten gibt. Es entsteht keine Stimmung und keine Resonanz. Reden werden in ein schwarzes Loch hineingehalten, und am Ende geht man auseinander, ohne starke Mobilisierung spüren zu können. Emotionen sind zentral für Politik, Politikvermittlung und erst recht in Wahlkampfzeiten. Gleichzeitig beginnt das Schielen auf die reinen Reichweiten im Netz. Eine starke Resonanz ist natürlich gut. Aber was sagen Klicks und Likes wirklich aus? Simanowski (2022) hat recht, wenn er feststellt, dass wir es mit einem Erkenntnisparadox auch in der digitalen Demokratie zu tun haben: »Wir wissen immer weniger über uns, weil wir immer weniger reflexiv aus unserem Leben erzählen, die Plattformen hingegen wissen immer mehr über uns, weil sie all die Daten haben und die Technologien, aus diesen Daten einen Wissens-Mehrwert zu erzeugen.« Wir brauchen als Gesellschaft immer noch die unmittelbare Begegnung und die Diskussion. Das gilt übrigens gerade in der Diskussion über Möglichkeiten und Grenzen, die die Digitalisierung mit sich bringt.

Es wird zurecht viel kritisiert an der Machtstellung großer amerikanischer Tech-Konzerne. Umso wichtiger ist es, eine starke Alternative zu fördern und echte Auswahlalternativen für Verwaltung, aber auch Industrie und Bürger zu behalten. Es gilt, einen Rahmen zu setzen, der eine Monopolisierung – die technologisch durch die Digitalisierung begünstigt ist – unbedingt verhindert. Gleichzeitig müssen wir nicht nur über die ethischen Dimensionen des »digitalen Kapitalismus« sprechen, den Kritiker wie Timo Daum oder Philipp Staab auch in Deutschland analysieren. Vielmehr geht es um die Frage, wie die Möglichkeiten der Digitalisierung des Staates zu einem »Mehr« an Komfort und Transparenz für die Menschen führen können, ohne die Kontrollmöglichkeiten zu negieren. Hier braucht es klare Regelungen, wie Künstliche Intelligenz, die Leistungen des Quantencomputing und Technologien wie Blockchain für den digitalen Staat genutzt werden. Dafür regen wir einen gesellschaftlichen Diskussionsprozess an, der auf allen staatlichen Ebenen und im öffentlich-rechtlichen Rundfunk geführt werden sollte. Dabei ist der Grundsatz zu beachten, dass ein Einsatz digitaler Technologien zur Kontrolle der Bevölkerung, wie sie in anderen Ländern traurige Realität ist, in Deutschland verboten bleiben muss. Immer wieder erschüttern Berichte über den Missbrauch der Plattformmacht das Vertrauen in die Funktionsfähigkeit der sozialen Medien in ihrer aktuellen institutionellen Fassung. Dann werden aus Orten des offenen Meinungsaustauschs auf einmal Plattformen, die kritische Personen ausspionieren, wie jüngst über TikTok zu lesen war (Kottmann 2022). Seit Jahrzehnten wird der digitale Sozialraum von den Plattformen dominiert und dies auch immer wieder diskutiert. Nachdem die Erkenntnis hierzu durchaus nicht neu ist, sollten wir die Frage noch intensiver angehen, wie wir diesen Sozialraum wieder für die Gesellschaft gestalten. Wie wir dies ändern und welche Strategien zur Rückeroberung der digitalen Souveränität auch in diesem Bereich anzuwenden sind, muss Thema in diesem gesellschaftlichen Diskussionsprozess sein.

Europa hätte sich als Gegenmodell etablieren können, wenn es sich zum Beispiel durch die Schaffung einer europäischen Plattform unabhängig von einzelnen, zu mächtig werdenden Personen gemacht hätte (Hillje 2019). Viel »hätte« in einem Satz, und wir unterstützen natürlich das Ansinnen der Bundesregierung, in diesem Sinne aktiv zu werden. Dadurch könnten die Vorteile der Vernetzung genutzt und Macht und Missbrauch begrenzt werden. Uns fehlt jedoch der Glaube, dass das noch realistisch erreichbar ist.

Die Vision, die hinter so einem Vorhaben steckt, ist die Schaffung von datenschutzkonformen, nicht von privatwirtschaftlichen Interessen dominierten, öffentlichen digitalen Räumen. Deswegen muss Deutschland hier aktiv werden und Ansätze unterstützen, die passende Alternativen zu den Angeboten der großen Plattformen entwickeln. Die neueste Reaktion auf die aktuelle Verfassung der sozialen Plattformen ist die Betonung des »Fediverse«. Zusammengesetzt aus den englischen Wörtern »federation« und »universe«, bezeichnet es einen Zusammenschluss zum Beispiel föderierter und eigentlich voneinander unabhängiger sozialer Netzwerke. Schon seit Mitte der Nuller-Jahre als Prinzip etabliert, erfährt es gerade im Moment einen Aufmerksamkeitsschub dadurch, dass die so organisierte Plattform Mastodon als Alternative zu Twitter gesehen wird. Mit Mastodon besteht aktuell die Möglichkeit, eine positive Disruption in den sozialen Medien zu erleben. Es wäre ein Durchbruch, um wegzukommen von den überkommerzialisierten, machtzentrierten Social Media Plattformen.

Die Frage der Regulierung ist aber nicht zu vernachlässigen, da je nachdem, ob Mastodon sich durchsetzt oder nicht, und je nachdem, ob es unter den Digital Service Act (DSA) fallen wird oder nicht, die

Bedeutung von Regeln für soziale Medien auch im Fediverse oder einer anderen Alternative zu den etablierten Plattformen mit ihren Fehlentwicklungen wichtig ist. Die Rolle des Staates besteht dann nicht darin, eigene Instanzen zu betreiben, sondern Infrastruktur bereitzustellen, beispielsweise eines Mastodon-Server, über die es dann ohne vertiefte IT-Kenntnisse möglich wäre, selbst Instanzen zu gründen. Das ist ein Beispiel für die sorgende Struktur des digitalen Staates.

Mit dem Instrument einer Log-in-Falle könnte zudem die Strafverfolgung im Netz gegen Hass und Hetze effektiv ausgestattet werden, ohne alle Nutzer:innen unter Generalverdacht zu stellen (D64 2021). Bei der Log-in-Falle handelt es sich um ein Verfahren, bei dem die Identifikation von Verdächtigen über IP-Adressen erfolgt, ohne dass unbeteiligte Personen ein Erfassen ihrer Daten befürchten müssen. Statt auf Vorrat zu speichern, wird in dem Modell, welches Henning Tillmann und Erik Tuchtfeld für D64 – Zentrum für digitalen Fortschritt e. V. entwickelt haben, in Echtzeit schnell abrufbar, was die Behörden zur Ermittlung benötigen.

So kann eine europäische Strategie aussehen, die Demokratie bei der Nutzung sozialer Medien resilient macht und Sicherheit und Kontrolle dort ermöglicht, wo sie wirklich relevant sind.

## Russland, Medienwandel und der Blackout

Bei Angriffen aus dem Cyberraum sind natürlich nicht nur Verwaltungen gefährdet, sondern auch einzelne Personen und vor allem klein- und mittelständische Unternehmen. Vom »Innentäter« bis zu staatsnah agierenden Tätergeflechten zeichnet sich ein breites Profil bei den Angreifenden ab. Dominiert werden die Angriffsstrategien durch DDoS-Attacken und Ransomware als Einfallstore. Erstere legen die Verwaltung systematisch durch eine hohe Anzahl von Zugriffen auf Internetangebote lahm, wie es verschiedenen Bundesländern um Ostern 2023 widerfuhr. Bei Letzterer verschlüsseln die Angreifer die Daten ihrer Opfer und versprechen, diese bei Zahlung eines Lösegelds wieder »freizulassen«.

Bei den individuellen Angriffen sind es meist die vielen unterschiedlichen Formen des digitalen Identitätsdiebstahls, die wir aus der Zeitung kennen, oder der Diebstahl von Kundendaten. Mittlerweile gibt es ganze Unternehmen, die sich darauf spezialisiert haben. »Cybercrime as a service« kann man kaufen, wenn man die notwendigen Mittel hat, um seine kriminellen Absichten durchzusetzen. Mittlerweile entstehen immer größere wirtschaftliche Schäden durch Angriffe aus dem Cyberraum. Durch die anonymen Möglichkeiten der Kryptowährungen können Lösegeldforderungen sehr einfach formuliert und die Wege für die Behörden nur sehr schwer bis gar nicht verfolgt werden. Das Betätigungsfeld organisierter Gruppen ist die ganze Welt. Gleichzeitig wissen wir wenig über das genaue Ausmaß, da sich Betroffene nur sehr zurückhaltend an die Sicherheitsbehörden wenden. Hinzu kommt, dass Tat- und Feststellungszeitpunkte oft stark auseinanderfallen.

Die militärischen Operationen beim Angriff Russlands auf die Ukraine wurden durch Maßnahmen im Cyberraum begleitet, die sich im Wesentlichen auf ukrainische und russische Organisationen und Institutionen bezogen. Der Krieg findet also auch im Cyberraum statt und betrifft ukrainische und russische Organisationen, Institutionen, kritische Infrastrukturen und Telekommunikationsanbieter. Es kam jedoch auch in Deutschland zu kleineren und unzusammenhängenden Vorfällen, die nicht eindeutig zugeordnet werden können. Dies zeigt, wie wichtig es ist, Akteure aus dem Umfeld der russischen Regierung genau zu beobachten, weil sie – wie das BSI (2022) festhält – »mit einem erheblichen Risiko eines erfolgreichen IT-Angriffs verbunden« sind. Das Bundesamt zeigt am Beispiel von Sicherheitslücken beim russischen Anbieter Kaspersky auf, dass auch Unternehmen als Bestandteil dieser neuen Formen des Krieges für punktuelle Blackouts benutzt werden: »Ein russischer IT-Hersteller kann selbst offensive Operationen durchführen, gegen seinen Willen gezwungen werden, Zielsysteme anzugreifen, oder selbst als Opfer einer Cyberoperation ohne seine Kenntnis ausspioniert oder als Werkzeug für Angriffe gegen seine eigenen Kunden missbraucht werden« (BSI 2022).

Erfolgreiche Angriffe aus dem Cyberraum können sowohl zu regional fokussierten als auch flächendeckenden Blackouts führen. Stromausfälle, nicht erreichbare staatliche Verwaltungen, Datenverluste und keine telefonische und digitale Erreichbarkeit. Die Folgen sind vielfältig. Eigentlich wollten sich die deutschen Behörden im Jahr 2022 auch intensiv auf solche Szenarien vorbereiten. Im Rahmen einer Länder- und Ressortübergreifende Krisenmanagementübung, kurz LÜKEX, sollten die Auswirkungen eines Cyberangriffs auf Regierungshandeln intensiv untersucht werden. Doch diese Übung wurde verschoben. Die Begründung ist so nachvollziehbar wie beunruhigend. Sie wird verschoben aufgrund der aktuellen »Lage und Erfahrungen, die man aus der gegenwärtigen Krise für die kommende LÜKEX sammeln kann«. Doch welche Erfahrungen kann man sammeln, wenn man sich mit dem Angriff Russlands auf die Ukraine beschäftigt – und zwar explizit im Cyberraum? In einer ersten Zwischenbilanz hat sich Microsoft (2022) intensiv mit der Strategie Russlands beschäftigt. Wir haben hier die traurige Möglichkeit, uns mit ganz realen Bedrohungen zu beschäftigen und zu schauen, was wir in Deutschland anders machen müssen, um jene Blackoutgefahren zu reduzieren, die bestehen, gerade weil wir digital stark aufgestellt sind und die Vernetzung vorantrieben haben.

Umfassende Cyberangriffe scheinen demnach auf drei gleichwertige Strategieelemente hin konzipiert zu sein. So gibt es Attacken, die gegen konventionelle militärische Ziele gerichtet sind, und andere, die mögliche Ziele in verbündeten Ländern adressieren. Während Erstere klar der Unterstützung militärischer Operationen dienen, die gezielt gegen kritische Infrastrukturen gerichtet sind, zielen Letztere vor allem auf Spionage ab. Zugleich wird die Digitalisierung genutzt, um über die sozialen Medien gezielt falsche Informationen zu streuen – die mittlerweile gut bekannten Fake News. Dies geschieht vor allem aus autokratischen Staaten heraus, und die Ziele sind westliche Demokratien, um diese zu destabilisieren und die Polarisierung ihrer Gesellschaften zu beschleunigen. Mit Blick auf den Krieg Russlands gegen die Ukraine kann man die Zielgruppen solcher Cyberkriegstrategien sehr schnell identifizieren. Gegenüber der Gesellschaft des kriegsführenden Lands, hier Russland, soll damit Stärke gezeigt werden, um die Unterstützung für den Krieg aufrechtzuerhalten (Microsoft 2022). Die Gesellschaft des angegriffenen Landes soll hingegen demoralisiert werden. Zur Vorbereitung des Angriffs hat es deswegen schon Versuche gegeben, über gezielte Cyberattacken kritische Infrastrukturen zu treffen. Ergänzend finden Desinformationskampagnen im Netz statt, die zu einem »neuen Strukturwandel der Öffentlichkeit« (Habermas 2022) führen. Die Möglichkeiten kennen keine Grenzen. Das zeigt auch ein kleines Gedankenexperiment: Was passiert eigentlich mit unserer Daten- und Kommunikationsinfrastruktur, wenn diese einem gezielten Angriff ausgesetzt wird? Geht uns dann ähnlich wie bei den Angriffen auf die Nordstream-Pipelines schleichend das Licht aus, oder sogar noch viel abrupter?

## Verletzlichkeit unserer Kommunikationsinfrastruktur

Die Hochwasserkatastrophe im Ahrtal hat die Verletzlichkeit unserer gesamten terrestrischen Kommunikationsinfrastruktur aufgezeigt, und wir mussten erleben, was es bedeutet, wenn der digitale Blackout eintritt. Denn die Wassermassen haben nicht nur Straßen und Brücken, sondern mit ihnen auch die Strom- und Telekommunikationsnetze weggerissen.

Eine der Lehren aus dieser Katastrophe muss daher der Aufbau von krisenfesten, resilienten Telekommunikationsinfrastrukturen sein, die auch im Krisenfall die Erreichbarkeit gewährleisten. Wie die Resilienz der digitalen Infrastrukturen insbesondere in Hochwassergebieten verbessert werden kann, muss also nicht nur beim Wiederaufbau mitgedacht werden. Wir benötigen eine Resilienzstrategie, wie sie der rheinland-pfälzische Digitalminister Alexander Schweitzer angeregt hat. Zum Totalausfall des Mobilfunknetzes in den von der Flut besonders betroffenen Gebieten hat auch die terrestrische Anbindung der Mobilfunkmasten über Erdkabel beigetragen. Selbst Mobilfunkmasten, die aufgrund günstiger Hanglage nicht unmittelbar durch die Fluten beschädigt wurden, standen aufgrund der zerstörten Leitungen nicht mehr für das Mobilfunknetz zur Verfügung. Auch bei Hochwasserereignissen geringerer Intensität darf die mobile Kommunikation nicht zusammenbrechen.

Das Stichwort lautet hier: »Redundanz«, also eine mehrfache Absicherung. Bei den Kommunikationsnetzen ist dieses Vorhalten von

Ausweichstrecken und Dopplungen wichtig, um die Funktionsfähigkeit unseres digitalen Miteinanders bei Ausfällen aufrecht zu erhalten. Das zweite Stichwort: Resilienz. Einmal mehr ist hier die Widerstandsfähigkeit eines komplexen Systems in Krisensituationen gemeint. Dies wird durch redundante Netze genauso sichergestellt, wie durch die Schaffung von Notmaßnahmen zum Weiterbetrieb der angegriffenen Systeme. Dann geht es um die Vorhaltemaßnahmen von Notstromaggregaten oder Akkulaufzeiten von Telefonmasten. Die Bundesnetzagentur (2022) hat dies in einem sehr lesenswerten Diskussionspapier aufgelistet.

Der gleichzeitige Ausfall der Strom- und Festnetzleitungen darf nicht automatisch zu einem Totalausfall des gesamten Telekommunikationsnetzes führen. Deswegen muss die Anbindung der Mobilfunkmasten per Richtfunk in Hochwasserregionen künftig zum Standard werden, ebenso wie eine ausreichende Batterieversorgung der Mobilfunkmasten für mindestens 48 Stunden in Abhängigkeit zur Topografie. Immer dann, wenn aus welchen Gründen auch immer in Deutschland veraltete Leitungen zerstört werden, müssen diese durch modernste Glasfasertechnik ersetzt werden.

## Fehlende Sicherheitskultur

Aktuelle und vergangene Cyber- beziehungsweise IT-Sicherheitsvorfälle zeigen immer wieder das Erfordernis einer funktionierenden und gelebten digitalen Sicherheitskultur. Ein erfolgreicher Angriff auf die deutsche Verwaltung ist immer auch ein Angriff auf das soziale Miteinander. Je nach Bereich fallen bei einem erfolgreichen Angriff für unsere Gesellschaft zentrale Prozesse aus, und es dauert sehr lange, diese wieder frei von Kompromittierung ans Laufen zu bringen.

Man unterscheidet zwischen gezielten und ungezielten Angriffen. Blicken wir für einen Moment in die unterschiedlichen Motivationslagen der Täter:innen. Gezielte Angriffe sind gut vorbereitet und zeichnen sich dadurch aus, dass die Angriffsvektoren durch gut gesammelte Informationen ausgekundschaftet sind, um punktgenau zuzuschlagen.

Ungezielt sind Angriffe, die ohne konkrete Vorbereitung möglichst viele Personen, Unternehmen und Systeme treffen.

Phishingattacken sind eine der größten Bedrohungslagen, die bei Erfolg die Infektion mit Ransom- und Malware nach sich ziehen. Außerdem sehen sich große Organisationen und für Kriminelle interessante IT-Systeme Überlastungsangriffen ausgesetzt, die als Distributed Denial of Service-Angriffe, kurz DDoS-Angriffe, bezeichnet werden. Bei deren Erfolg fallen Onlineangebote und die dazugehörige IT-Infrastruktur aus.

Cyber- und Informationssicherheit betrifft alle. Sie ist die Statik der Digitalisierung. Die Bedrohungslage verschärft sich seit dem Jahr 2022 aufgrund der global angespannten politischen Lage. Aus den Erfahrungen der bisherigen Angriffe müssen wir gemeinsam lernen. Insbesondere die staatliche Daseinsvorsorge muss erweitert werden. Digitale Daseinsvorsorge umfasst den Schutz vor dem digitalen Blackout. Welche Schritte dafür nötig sind, zeigt ein erneuter Blick auf den Landkreis Anhalt-Bitterfeld: Verwaltungen müssen IT- und Cybersicherheit als Führungsaufgabe verstehen. Dies kann durch ein durchsetzungsstarkes eigenes IT-Amt gewährleistet werden, in dem alle mit der Administration von Rechnern beschäftigten Kräfte gebündelt werden und ein eigenes Kompetenzzentrum entsteht. Wichtig ist, dass die oder der Informationssicherheitsbeauftragte in einem Auswahlverfahren gefunden und nicht einfach ernannt wird. Es bedarf spezieller und kontinuierlicher Schulungen in der Verwaltung. Gleichzeitig müssen alle sicherheitsrelevanten Prozesse neu definiert werden. Das bedeutet auch, dass sich »die IT« zwar als Dienstleisterin für die Verwaltung versteht, aber als unangenehme Mahnerin auftritt. Dann werden vielleicht Vorgaben (zum Beispiel für Passwörter) restriktiver formuliert oder mobiles Arbeiten mit privaten Geräten von Mitarbeiter:innen nicht mehr erlaubt.

Cyber- und Informationssicherheit von kritischen Infrastrukturen – wie auch generell bei der Digitalisierung – muss noch mehr in den Blick genommen und mehr Bewusstsein bei den Verantwortlichen aufgebaut werden. Die zunehmende Digitalisierung der Verwaltung durch die schrittweise Umsetzung des OZG führt zu weiteren Sicherheitsherausforderungen. Deswegen ist es gut, dass im OZG-Umfeld die Sicherheit bestimmter Kernkomponenten im Portalverbund regelmäßig durch Penetrationstests und Webchecks überprüft werden.

Der Staat muss einschlägige Dienstleistungen selbst anbieten und diese auch den Kommunen zur Verfügung stellen. Am Ende kann der Aufbau eines Cyberhilfswerks stehen, wenn geklärt ist, wie freiwillige und ehrenamtliche Helfer sich auf der Ebene der IT-technischen Bewältigung von Sicherheitsvorfällen einbringen können oder dürfen, weil die betroffenen Systeme häufig hoch komplex und äußerst sensibel sind. Ebenso müssten zuvor organisatorische, technische, rechtliche und andere Rahmenbedingungen geschaffen werden, um das Cybersicherheitsniveau anzuheben.

Wichtig ist aber auch hier, dass der deutsche Staat in die Lage versetzt wird, seine IT und deren Administration in eigenen Händen zu verwalten. Sollte sich eine Ebene entscheiden, Teile auszulagern oder sich Unterstützung einzukaufen, muss das möglich sein. Der Staat muss aber jederzeit in der Lage sein, Steuerungs- und Controllingaufgaben wahrzunehmen. Das ist die zentrale Voraussetzung für digitale Souveränität. Wenn unsere Verwaltung ihre eigene digitale Verantwortung nicht wahrnehmen kann, droht auch im Bereich der Sicherheit ein digitaler Abstieg.

Deswegen ist die Aufgabe der Verwaltung klar: Es braucht geeignete organisatorische Strukturen für eine eigene IT-Security-Einheit und die Etablierung des »Null-Vertrauen-Prinzip« für eine resiliente IT-Infrastruktur und Anwendungslandschaft. Gleichzeitig muss die Aufmerksamkeit der jeweiligen Belegschaften durch Awarenesskampagnen hochgehalten werden. Wenn das BSI endlich als Zentralstelle der Sicherheit in der Informationstechnik in Deutschland fungiert, besteht auch eine Grundlage für eine neue Bund-Länder-Zusammenarbeit im Bereich der Cyber- und Informationssicherheit. Dies bedeutet dann eine strukturierte, laufende, gegenseitige Unterrichtung und Unterstützung sowie eine Auskunftserteilung mit wechselseitiger Beratung. Wir brauchen aber vor allem ein starkes und unabhängigeres BSI. Zukünftig könnten so neue Möglichkeiten der kooperativen Zusammenarbeit zwischen Bund und Ländern auf Augenhöhe geschaffen und damit die föderale Zusammenarbeit im Bereich der Informationssicherheit wesentlich gestärkt werden.

Dieser Weg ist bei der Gestaltung der digitalen Transformation des Staates generell geboten, weil eine Fokussierung auf eine Föderalismusreform enorme Zeit in Anspruch nehmen würde, die wir aufgrund der krisenhaften Entwicklung in unserer Welt, aber auch, um beim technologischen Fortschritt mitzuhalten, derzeit nicht haben.

## Unser eigenes Verhalten ist das Problem

Einmal im Jahr zeigen Polizei und BSI in ihrem »Digitalbarometer« auf, in welchen Bereichen alle Bürger:innen dazu beitragen können, über einen digitalen Blackout nachzudenken. Im Jahr 2022 wurde diese repräsentative Umfrage das vierte Mal erhoben. Die beiden Institutionen haben mit dieser Umfrage den allgemeinen Kenntnisstand über die IT- und Cybersicherheit in den Blick genommen. Georg Schabhüser, der Vize-Präsident des BSI, stellte bei der Präsentation der Ergebnisse für 2022 fest, dass es darum gehe, zu erfahren »wie Bürgerinnen und Bürger sich im Internet schützen oder welche Erfahrungen sie mit Cyberkriminalität haben«. Die Ergebnisse zeigen – wie bei allen Bereichen, die wir uns hier anschauen – Licht und Schatten.

Zunächst zeigen die Werte Jahr für Jahr, wie sehr die Digitalisierung unseren Alltag durchdringt. Mittlerweile nutzen 89 Prozent der Bürger:innen ein Smartphone. Die Studienteilnehmer:innen besitzen durchschnittlich sechs Geräte, die digital vernetzt agieren. Wie wertvoll die dort geteilten Daten sind und wie viel Daten wir im Internet bereitwillig nutzen und angeben, erfährt man, wenn man nach den Tätigkeiten fragt, die die Menschen im Internet verrichten: 71 Prozent geben an, dass sie Onlinebanking nutzen, 69 Prozent schreiben und lesen E-Mails. Ein ungefähr gleicher Teil nutzt das Onlineshopping (67 Prozent). Soziale Medien und Messenger werden für die Kommunikation (63 beziehungsweise 60 Prozent) genutzt. Streamingangebote werden immer wichtiger und 2022 werden sie schon von 52 Prozent genutzt.

Die Gefahr eines persönlichen Blackouterlebnisses steigt, da zunehmend Daten gestohlen, Identitäten missbraucht oder die gesamte Kommunikation lahmgelegt werden. Dennoch stufen wir alle gemeinsam in unserer Risikobewertung die Anforderungen ab. Das Onlinebanking verlangt unser aller Aufmerksamkeit und 83 Prozent der Befragten geben an, dass hier die Sicherheitsvorkehrungen besonders groß sein müssen. Die gleiche Frage, gestellt für den Bereich des Onlineshoppings – unter Nutzung von Bezahldiensten –, bringt nur 62 Prozent zu der Aussage, dass es hier besonders sicher sein muss. Man kann festhalten, dass, wenn es um andere Anwendungen geht, bei denen sensible Daten wie Kontoinformationen oder Kreditkartennummern genutzt werden, alle deutlich entspannter und dadurch natürlich gefährdeter sind. Bei den Konsequenzen für unser Handeln zeigt sich, dass in Deutschland ein eher laxer Umgang mit den eigenen Daten vorherrscht. Rund ein Drittel der Nutzenden in Deutschland hat für seine digitalen Anwendungen ein und dasselbe Passwort. Immerhin nutzen nahezu alle bei der Passworterstellung einen Mix aus Buchstaben, Zahlen und Sonderzeichen. Wo immer es möglich ist, sollten Nutzer:innen aber eine Zwei-Faktor-Authentifizierung und einen Passwortmanager nutzen.

Gleichzeitig sind wir alle gar nicht so affin im Hinblick auf die Nutzung digitaler Anwendungen, wie es in den gesellschaftlichen Debatten den Anschein hat. Mit Blick auf die Nutzung digitaler Angebote wie Onlineshopping, digitaler Bankgeschäfte oder Verwaltungsleistungen hat eine Studie der Boston Consulting Group ergeben, dass rund ein Drittel der Befragten vor der Nutzung von digitalen Angeboten im Netz zurückschreckt. Entscheidend für die Nutzung scheinen neben der Qualität und der Verfügbarkeit des digitalen Angebots vor allem sozioökonomische Faktoren zu sein: So ist der Anteil derjenigen, die keine digitalen Angebote nutzen, insbesondere in der Gruppe der über 60-Jährigen hoch. Aber auch zwischen den Einkommensgruppen tut sich eine digitale Schere auf: Während in der Gruppe mit einem monatlichen Haushaltseinkommen von mehr als 3.000 Euro nur jede:r Vierte digitale Angebote nicht nutzt, ist es in der Gruppe mit weniger als 1.500 Euro jede:r Zweite. Wenn wir also zu wenig in der Breite dafür sorgen, dass digitale Angebote nutzbar sind, und zwar barrierefrei, werden wir viele Menschen abhängen oder in unsichere Strukturen verlieren. Gesellschaft hat hier eine neue Aufgabe, Politik muss zugleich dafür sorgen, dass Zugänge für alle offenbleiben.

Kehren wir noch einmal kurz zurück zu den sozialen Absicherungen. Natürlich ist es wichtig, dass man Zugang zum Beispiel zu den Berater:innen der Arbeitsverwaltungen findet. Das ist wichtig und notwendig, wollen wir als Gesellschaft beieinanderbleiben. Es geht oftmals darum, dass wir Digitalisierung als Hilfsmittel einsetzen, um genau diese aufsuchenden und sorgenden Strukturen zu erhalten. Darauf haben die Menschen ein Recht, welches nicht wegdigitalisiert werden darf.

## Mit Rebound-Effekten in den grünen digitalen Blackout

Der Fortschritt, den uns die Digitalisierung und Lösungen wie die Cloud an vielen Stellen ermöglichen, hat eine große Schattenseite. Diese liegt in den Bedarfen nach Rechenzentren. Diese Entwicklung steht stellvertretend für den steigenden Energiebedarf durch die Digitalisierung und zeigt exemplarisch das Problem hinter steigenden Ansprüchen in unserer digitalen Gesellschaft. Der Branchenverband Bitkom hat in einer Studie im Jahr 2020 den Stromverbrauch von Rechenzentren und kleineren IT-Installationen in Unternehmen errechnet: Dieser liegt bei rund 3 Prozent des gesamten Jahresbedarfs oder circa 16 Milliarden Kilowattstunden. Dieser Anteil ist höher als der benötigte Strom im Mobilitätsbereich. Die Faktoren für den Gesamtverbrauch sind die Server selbst, dann folgen Kühlung und Speicher. Wenn also immer mehr Daten in die Cloud wandern, steigen hier die Bedarfe, und die Gefahr, dass Blackouts Folgen haben können, nimmt ebenfalls zu. Dabei gibt es jede Menge Potenzial für Effizienz. Das Uptime Institute hat 2021 aufgezeigt, dass Rechenzentren rund 60 Prozent ihres Energieverbrauchs für IT-Geräte aufwenden. »Green IT« ist daher das Schlagwort der Stunde, um diesen Blackoutfaktor wenigstens abzumildern. Ohne Strom gibt es keine Digitalisierung. Wie im fossilen Zeitalter ist auch im 21. Jahrhundert die Energieversorgung die zentrale Grundvoraussetzung für unser gesellschaftliches Weiterbestehen. Dabei haben die Personen, die den digitalen Wandel vorantreiben, zwei Aufgaben. Durch digitale Tools bieten sich vielfältige Chancen, alle Lebensbereiche, Staat und Wirtschaft nachhaltig und ressourcenschonend zu gestalten. Gleichzeitig steigen die Bedarfe. Wenn die Verwaltungen – ob privat oder staatlich – digital transformiert sind, kann man den Bedarf an Papier deutlich reduzieren. Die digitalen Möglichkeiten reduzieren Reisetätigkeiten und senken so den Verbrauch fossiler Brennstoffe und den Ausstoß von CO2-Emmissionen. Gleichzeitig aber stehen Entwicklungen an, die zu einer verteilten Nutzung und wahrscheinlich auch zu einem erhöhten Energieeinsatz führen. Durch die Corona-Pandemie beschleunigt, hat sich das Arbeiten von zu Hause zumindest in hybriden Formen etabliert. Das führt am Ende überall zu einem Ausbau der zugrundeliegenden IT- und Kommunikationsinfrastruktur. Mit den infolge der Pandemie gestiegenen Anforderungen an hohe Verfügbarkeit und Kapazität stehen wir auch bei der bereitgestellten Infrastruktur vor einer Steigerung der Energieeinsätze.

Wollen wir unsere Transformation in eine nachhaltige Digitalgesellschaft fortsetzen, brauchen wir eine Strategie, um die Nutzung von ressourcenschonenden und nachhaltigen Technologien voranzutreiben. Dies gelingt bereits heute dadurch, dass Zentralisierung, Standardisierung und Konsolidierung im IT-Bereich erhebliche ökonomische und ökologische Synergieeffekte generieren. So sank der CO2-Ausstoß von Rechenzentren in der jüngsten Vergangenheit. Zwischen 2018 und 2020 konnten in diesem Bereich 1,1 Millionen Tonnen CO2 eingespart werden. Es scheint aber mit Blick auf die Verbrauchszahlen, dass zumindest dort auch Rebound-Effekte zu erwarten sind. Was wir durch den technischen Fortschritt einsparen, brauchen wir durch steigende Energieverbräuche teilweise oder unmittelbar wieder auf.

Erste Erfolge konnten durch die beginnende Zentralisierung von IT-Verfahren im Zusammenspiel mit der Etablierung der Private Cloud für die Verwaltung erzielt werden. Hier steht eine Entwicklung am Anfang, die durch die weitere Nutzung der Cloud nicht nur für gemeinsam genutzte Software gesteigert werden kann. Zugleich müssen die Infrastrukturen von Rechenzentren kontinuierlich auf Energieeffizienz überprüft werden. Dies gilt unter anderem für die Klimatisierung, die unterbrechungsfreie Stromversorgung, Kühlaggregate, Pumpen, Ventilatoren, Luftverteilungssysteme, Brandmelder und Feuerlöschanlagen sowie Beleuchtungssysteme. Aber auch bei der Beschaffung von Hard- und Softwareprodukten werden schon heute Schwerpunkte auf Bereiche wie Energieeinsparung im Betrieb und umweltschonende Fertigung, Reduzierung von Geräuschemissionen, umweltgerechte Entsorgung und Emission von Schadstoffen gelegt.

## Digitalisierung des Staates ohne Sinn und Verstand trifft auf unreflektierte Digitalisierung im Privaten

Als ein erstes Fazit kann man festhalten, dass in Deutschland die beschleunigte Digitalisierung des Staates an vielen Stellen ohne Sinn und Verstand – oder vornehmer ausgedrückt: ohne strategische Grundausrichtung – erfolgt.

Jüngstes Beispiel dafür ist der sinnvolle Versuch der Bundesregierung, eine Datenstrategie zu formulieren. Es ist eines von vielen Beispielen, das zeigt, wo unsere Probleme liegen. Die Kritik des Bundesrechnungshofs (2022) an der Datenstrategie verdeutlicht unsere Probleme: Zunächst stellen einige Maßnahmen vor allem eine Beschreibung des Status quo dar. Die Ressorts führen auf, was sie sowieso schon machen, in eigener Regie. Das muss nicht falsch sein. Ganz im Gegenteil sogar. Es ist aber nicht abgestimmt und verbleibt – entgegen den Sonntagsreden vom Kulturwandel – innerhalb der Ressortgrenzen. Ressortübergreifende Projekte, so stellt es der Bundesrechnungshof mit Blick auf die Datenstrategie fest, werden oft ohne Festlegung, wer federführend verantwortlich ist, aufgeführt. Außerdem tun sich Verwaltungen schwer, ihre Aktivitäten durch überprüfbare Ziele oder Schwerpunkte bewertbar zu machen. Natürlich liegt hier ein Risiko: Wer messbar ist, dem kann auch das Nichterreichen nachgewiesen werden. Scheitern liegt immer im Bereich des Möglichen. Und dies wird im politischen Raum leider immer noch anders bewertet, als es eine wirkliche Lernkultur nahelegt. Wenn diese Bewertbarkeit entfällt, kann aber gar nicht nachvollzogen werden, ob eine Maßnahme überhaupt bei den Zielen der Datenstrategie im konkreten Beispiel greift.

Was zudem problematisch ist bei allen strategischen Dokumenten, die nicht verknüpft nebeneinanderliegen, ist die fehlende Berücksichtigung der »Zeitenwende« auch für die Digitalisierung. Politik muss aber gerade auf die durch die Zeitenwende deutlich veränderten Anforderungen an digitale Innovationen und eine zu entwickelnde Datenökonomie in Deutschland eingehen. Insbesondere im Hinblick auf digitale Souveränität und Resilienz, wie wir sie hier immer wieder betonen.

Hinzu kommt, dass wir als Gesellschaft und als Individuen an vielen Stellen sehr lax mit der Digitalisierung umgehen. Da werden Datenschätze an Tech-Unternehmen verschenkt, da wird durch lasche Passwörter zum Angriff eingeladen oder durch die fehlende Bereitschaft, sich selbst mit dem digitalen Wandel und den dahinterliegenden Transformationsprozessen zu beschäftigen, werden die Chancen der Digitalisierung nicht genutzt. So kann der Weg der unreflektierten Digitalisierung, wie wir es einmal nennen wollen, persönlich, im Kleinen, zu digitalen Blackouts führen. Letztlich sind wir alle, die Gesellschaft, die politischen und wirtschaftlichen Vertreter:innen, den »100-Meter-Lauf der Orientierungslosen« von Monty Python gelaufen. In diesem stehen die Läufer an der Startlinie einer 100-Meter-Laufbahn im Stadion. Sobald der Schuss ertönt, laufen alle in unterschiedliche Richtungen, anstatt die Bahn geradeaus zu laufen. Dieses Bild beschreibt sehr gut, dass viele Menschen irgendwie die Digitalisierung in Deutschland gestalten wollen. Aber sobald es losgeht, gibt es eben die unterschiedlichsten Wege, die auch voneinander wegführen. Durch ein falsches Verhalten in Arbeitskontexten ist es möglich, dass kleine unbedachte Handlungen große negative Auswirkungen haben können. Digitalisierung ist Vernetzung, und das müssen wir uns alle immer vor Augen führen. Damit werden wir

Nutzenden in vielen Fällen zu nutzbaren Datenquellen, die wertvolle Informationen bereitwillig abgeben, ohne entsprechende Gegenleistungen zu erhalten oder wenigstens ein Bewusstsein dafür zu entwickeln, dass sie wahre Goldminen sind. Bleiben wir beim Fall der kriminellen Handlung, die zu einem persönlichen Blackout oder zu verhängnisvollen Konsequenzketten führt, wenn Unternehmen oder Verwaltungen angegriffen wurden. Darüber informieren sich viele Menschen nicht. Gut ein Viertel der Befragten (23 Prozent) sind nicht über Cybersicherheit oder Konsequenzen informiert, falls diese fehlt. Im Problemfall informiert sich immerhin ein weiteres Viertel der Menschen und ein Drittel gibt zumindest an, sich hin und wieder mit dem Thema zu befassen.

Beim Blick auf die Schäden, die die Menschen in Deutschland erleiden, ergibt sich ein leider sehr vielfältiges Bild mit steigenden Tendenzen. 79 Prozent der Befragten haben im Jahr 2022 einen Schaden durch Cyberangriffe erlitten. Meistens sind es die eingesetzte Zeit, um die Probleme zu beseitigen, oder der Verlust von Daten, die beklagt werden. Die wenigsten erleiden einen finanziellen Schaden. Dies führt dazu, dass einige Expert:innen auch sagen, dass jedes Schreckensszenario übertrieben ist. Wahrscheinlich stimmt dies auch, und die realisierten finanziellen Schäden sind mit durchschnittlich 674 Euro auch bei Weitem nicht so hoch, wie sie zu sein scheinen. Ein dickes ABER sei uns gestattet. Wir erleben eine Zunahme von digitalen Angriffen, viele ohne Erfolg. Aber die schiere Masse führt dazu, dass unsere Zivilisation mit schmerzhaften Treffern, die große Verluste bringen, rechnen muss.

Digitalisierung durchdringt alle Lebensbereiche. In enormer Geschwindigkeit hat sich beinahe unsere gesamte Welt digitalisiert. Das Feld des Digitalen haben wir in Deutschland und Europa jedoch zu lange falsch betrachtet, wie unsere Beobachtungen deutlich vor Augen führen. Zu Beginn wurde Digitalisierung nur – anders als in vielen anderen europäischen Ländern wie Estland oder Dänemark – als weitverbreitetes Instrument der Freizeitgestaltung millionenfach genutzt: Nachrichten auf digitalem Wege lesen, Soziale Netzwerke oder die digitale Kommunikation über Chatportale wie WhatsApp. Es ist gesellschaftlich akzeptiert und aus dem Alltag nicht mehr wegzudenken. Parallel dazu wurde das Feld allein den Kräften des Marktes überlassen. Die Spielregeln der digitalen Welt wurden zu lange von global agierenden Internetkonzernen aufgestellt – uns blieb in Europa nur die Datenschutzgrundverordnung (DGSVO) als schärfstes Schwert im Köcher der Digitalregulierung. Anspruch einer selbstbewussten Digitalpolitik muss es aber sein, Augenhöhe mit global agierenden Plattformen und Digitalunternehmen herzustellen – eine eigene Strategie zu entwickeln und damit die Idee der Sozialen Marktwirtschaft um die Sphäre des Digitalen zu erweitern. Doch statt konsistent zu agieren, sind wir in den Prozess der »Digitalisierung ohne Sinn und Verstand« eingetreten, aus der die »Irgendwas-Theorie« erschaffen wurde. So investieren staatliche Behörden ständig in irgendwelche Projekte, die »irgendwas mit KI« machen, oder Unternehmen richten wichtige Innovationslabore ein, die dann ins Leere laufen und Enttäuschungen hinterlassen. Es ist zwingend erforderlich, dass der Staat selbst etwas Derartiges aufbaut, um nicht auf Gedeih und Verderb auf externen Input angewiesen zu sein. An vielen Stellen wird eine zentrale Frage nicht ausreichend beantwortet: Welches Problem wollen wir eigentlich durch die Digitalisierung lösen – und für wen? Wie wichtig diese Frage zu stellen ist, zeigte sich bei einer Anhörung im Bundestag zur Nutzung von Blockchaintechnologien. Wenn man es zusammenfassen möchte, kann man sagen, dass diese an vielen Stellen »chic« zu sein scheint, dass es aber eigentlich nur wenige sinnvolle Anwendungen gibt. Dann wird zuerst versucht, Zeugnisse per Blockchain zu digitalisieren, und dann müssen die Schulbehörden doch wieder zurückrudern.

Schule ist ein wichtiges Stichwort. An keiner Stelle wird so viel darum gerungen, wie viel Digitalisierung richtig ist. Welche Stilblüten dies treiben kann, zeigt ein konkretes Beispiel aus der Kommunalpolitik in der hessischen Landeshauptstadt Wiesbaden. Dort wurde beschlossen, dass jede:r 5. Klässler:in ab dem Schuljahr 2023/24 ein iPad zur Verfügung gestellt bekommt. Der Lock-in-Effekt zeichnet sich schon früh ab, und auch die Arbeitsfähigkeit der Geräte ließ zu wünschen übrig. Lock-in-Effekte meinen Situationen, bei denen die Kund:innenbeziehungen von

Unternehmen so aufgebaut sind, dass starke Abhängigkeiten entstehen. Wenn man sich also auf eine Soft- oder eine Hardware festlegt, dann kommt man aus vielerlei Gründen kaum mehr davon los oder kann sich nur noch schwer anderen Strukturen und Anbietern zuwenden.

Aber sei es drum. Das könnte ja kompensiert werden, indem ein strategisches und pädagogisches Konzept unterlegt wird. Doch weder wurden die Schulen einbezogen noch wurde digitales Know-how einbezogen, wie der hessische Beauftragte für Jugendmedienschutz, der auch Lehrer in Wiesbaden ist, resigniert festhält (Steppich 2022: 10). Der Aufsatz, den Günter Steppich im Wiesbadener Kurier veröffentlicht, dokumentiert eindrücklich, dass wir in Deutschland oft ohne Sinn und Verstand digitalisieren. Er schließt mit einer Originalstimme aus seinem Informatikkurs, die darauf verweist, dass die Akkus der für den Unterricht vorgesehen Geräte nach 20 Minuten den Geist aufgeben: »Die Stadt sollte besser erst mal die Schulgeräte ersetzen« (Steppich 2022: 10).

Wenn wir die digitale Transformation gestalten wollen, dürfen wir aber diese Entwicklungen nicht mit der üblichen Regulierungswut einzuhegen versuchen. Wir müssen vielmehr neue Räume eröffnen und Netzwerke aufbauen, in denen sich die digitale Gesellschaft entfalten kann. Eine gestaltende Digitalpolitik darf nicht nur die Risiken neuer Technologien betonen, sondern muss den Rahmen dafür setzen, dass die Chancen der Digitalisierung durch Bürgerinnen und Bürger sowie Unternehmen und den Staat genutzt werden können – für neue Geschäftsmodelle, digitale Teilhabe und Partizipation.

Eine erfolgreiche Transformationsstrategie muss links und rechts schauen. Sowohl Erfahrungen aus dem Ausland als auch aus Unternehmen können wichtig sein, um zu neuen Wegen zu kommen. Aber ein ganz zentraler Grund für die »träge Transformation« (Friesike/Sprondel 2022) des Staates ist, dass oft Vergleiche zwischen Verwaltung und Unternehmen gezogen werden. Dann heißt es, dass Verwaltung von der Wirtschaft lernen müsse (Steinbrecher 2022). In einer spannenden Studie zu gelingender digitaler Transformation (Robinson/Schroeder 2022) konnte gezeigt werden, dass sich Verwaltung vor allem daran orientieren muss, dass sie Verwaltung ist und sich auch als solche modernisieren muss. Ihre Begründung dafür ist einleuchtend: In der Verwaltung stehen viele Verantwortungsbereiche mit jeweils hoher Komplexität nicht nur nebeneinander, sondern oftmals wie »kommunizierende Röhren« arbeiten zwischen zahlreichen Akteur:innen und unterschiedlichen staatlichen Ebenen (Robinson/Schroeder 2022 und Steinbrecher 2022).

# 4.
# Für eine Digitalisierung der vielen Möglichkeiten

Wir plädieren für einen anderen Ansatz der Digitalisierung. Eine Digitalpolitik der vielen Möglichkeiten stellt den Menschen und dessen Entwicklung in den Mittelpunkt der digitalen Transformation. Ein solcher Ansatz stellt die Frage an den Anfang, wie wir die Digitalisierung nutzen können, um das Leben der Menschen einfacher und besser zu machen. Das heißt, wir dürfen nicht einfach Moden hinterherlaufen, sondern müssen einen eigenen Weg der digitalen Transformation von Staat und Gesellschaft entwickeln. Auch müssen wir uns die Frage stellen, weshalb von den 52 Millionen verkauften 9-Euro-Tickets sage und schreibe 26 Millionen als Papierticket verkauft wurden. Oder warum die Nachfolgeregelung dazu in einen Streit mündet, ob man ein rein digitales Ticket einführen darf, beziehungsweise weshalb eine Lösung, die aufgrund ihrer Einfachheit so erfolgreich war, wieder kompliziert umgesetzt werden muss.

Schnelle, unabhängige Netze und ein flächendeckender, leistungsfähiger Mobilfunk sind dabei die Voraussetzung für gleiche Chancen in der digitalen Welt. Die Digitalisierung von Wirtschaft und Gesellschaft ist nicht zuletzt ein soziales Projekt. Eine ermöglichende Digitalisierungspolitik muss daher auch die soziale Dimension der Digitalisierung in den Blick nehmen und dafür sorgen, dass sich die Vorteile der Digitalisierung nicht nur für wenige, sondern die Vielen in unserer Gesellschaft auszahlen.

Der russische Angriffskrieg hat das geopolitische Koordinatensystem nachhaltig verändert. Als Reaktion auf die neue geopolitische Bedrohungslage muss unsere Gesellschaft auf allen Ebenen resilienter werden. Wir sehen in dieser Krise eine große Chance, dass Digitalisierung tatsächlich als Treiber gesehen wird. Um sich gegen Russlands Troll-Armeen und Hacker:innen zu wappnen, müssen wir bei der Stärkung unserer digitalen Resilienz in den staatlichen Behörden und den Unternehmen endlich die Hausaufgaben machen. Digitale Resilienz nutzt die technischen Möglichkeiten und weiß gleichzeitig um deren Angreifbarkeit, wenn wir uns nur noch auf das digitale Leben fokussieren. Es kann auch zu viel geben.

Für all dies brauchen wir einen neuen Blick auf den Staat: Dieser muss digitale Daseinsvorsorge garantieren. Sie ist die Grundlage für eine ermöglichende Digitalisierung. Diese kann nur gelingen, wenn der Nutzen der Digitalisierung und der Zugang zu digitalen staatlichen Diensten für alle gleich möglich ist, nachhaltig und barrierefrei gestaltet wird. Dann gibt es auch ein Gegengewicht zu den prägenden Elementen der Digitalisierung – den globalen Plattformen und den Hyperscalern. Dabei kann auf den Besonderheiten unseres politischen Systems und der Sozialen Marktwirtschaft aufgebaut werden. Datenkompetenz, Datenschutz und Datengovernance, also Regelungen und Richtlinien zu Standards und Rollenverteilungen im Hinblick auf Daten in einer Organisation, sind Wettbewerbsvorteile, die wir im globalen Wettbewerb einsetzen können. Aber nicht nur das. Vor dem Hintergrund der heutigen politischen Lage sind es insbesondere Sicherheitsvorteile. Gerade der Datenschutz, der oft zu unrecht als Prügelknabe für scheiternde Digitalisierung angeführt wird (Kelber 2023), ist ein wichtiger Bereich, der als Quell jeden Gedankens mitgedacht werden muss. Es gibt sie, die Lösungen, die die Anwender:innen-Perspektive umfassend berücksichtigen. Denn es geht immer um die »Gebrauchstauglichkeit« einer Anwendung, wie es Professor Simon Nestler von der TH Ingolstadt immer bezeichnet, und den Sicherheitsaspekt. Beides gehört zusammen und darf nicht gegeneinander ausgespielt werden. Um das alles zu erreichen, müssen wir Verwaltung auf der einen Seite digitaler und agiler gestalten. Auf der anderen Seite aber unsere demokratischen Institutionen auch offener gestalten.

## Die Bürger:innen – Erwartungen der Deutschen an die Digitalisierung

Die deutsche Gesellschaft stellt sich den Herausforderungen des digitalen Wandels. Mittlerweile sieht die Hälfte der Bevölkerung den digitalen Wandel als eine positive Veränderung unseres Lebens. Nahezu die andere Hälfte sieht in Befragungen von Forsa im Auftrag der FDP-Bundestagsfraktion Vor- und Nachteile als in etwa gleich groß an. Gleichzeitig gibt es Unterschiede zwischen den unterschiedlichen Gruppen, die die Politik besonders wahrnehmen muss: Jüngere stehen dem digitalen Wandel positiver gegenüber als ältere und Menschen mit höherer Bildung sehen mehr Chancen als Menschen mit geringerem Bildungsgrad. Gleichzeitig gibt es auch ein Gender Gap, da Frauen skeptischer sind als Männer. Einigkeit besteht darin, dass es Bereiche gibt, in denen digitale Anwendungen Verbesserungen erbringen können. Über zwei Drittel der Befragten einer Forsa-Umfrage im Jahr 2021 nennen dabei die Bereiche Bildung, Wissenschaft und Innovationen (Forsa 2021: 5). Die Staatsbedürftigkeit der Gesellschaft im digitalen Wandel wird in den Anforderungen der Bevölkerung an die Politik deutlich. Die Menschen erwarten, dass die Gesellschaft auf das digitale Zeitalter vorbereitet wird. Auch wenn diese Aussage natürlich sehr schwammig ist und sich daraus kaum politisches Handeln ableiten lässt, zeigt sich hier eine große Erwartungshaltung. Die im Übrigen von 88 Prozent als nicht erfüllt angesehen wird (Forsa 2021: 5). Dies schlägt sich auch in der Bewertung des digitalen Staates nieder. Neben dem Hauptfeld digitale Bildung bekommt auch das Verwaltungsangebot eine schlechte Note. Die Zufriedenheit mit den Onlinedienstleistungen staatlicher Behörden sinkt seit 2019 in den Erhebungen des Forsa-Instituts. Gleichzeitig muss aber auch mindestens einmal erwähnt werden, dass es nicht überrascht, dass Onlineangebote oft nicht bekannt sind: Statistisch gesehen haben Bürger: innen rund 1,7 Behördenkontakte pro Jahr.

Beim Verhalten der Nutzer:innen zeigt sich, dass sich die Erwartungen an den Staat von den Menschen, für die Postdigitalität schon zum Alltag gehört, bereits geändert haben. Hohe Erwartungshaltungen finden sich nämlich bei den unter 30-Jährigen mit hoher Bildung und den Menschen in den Städten mit mehr als 100.000 Einwohner:innen. Gleichzeitig hat die Corona-Pandemie für viele gezeigt, dass der Weg zu einem Staat, der diesen Ansprüchen genügt, noch weit ist.

Werfen wir noch einmal einen Blick in die Forsa-Studie (2021: 17) zur Nutzung von Onlinediensten: »Vor allem diejenigen, die bereits (mehrmals) die Onlinedienstleistungen genutzt haben, wollen dies auch zukünftig weiterhin bzw. stärker tun.« Bei denjenigen, die bislang gar keine solcher Dienstleistungen in Anspruch genommen haben, sagt ebenfalls die Mehrheit, dass sie diese zukünftig nutzen wolle. Hier wird deutlich, dass in einer postdigitalen Gesellschaft, in der also die Nutzung digitaler Anwendungen und Angebote zum normalen Alltag gehört, auch die Anforderungen an den Staat wachsen. Diese liegen in zwei Bereichen. Zum einen gibt es die Erwartung, dass der Staat im digitalen Zeitalter eine Schutz- und Vorbereitungsfunktion übernimmt. Hier braucht es also Fähigkeiten, die staatliche Behörden befähigen, diese Gestaltungsaufgabe auch wahrzunehmen. Dafür braucht es die Überprüfung des herkömmlichen behördlichen Arbeitens. Zum anderen muss der Staat selbst in einen Zustand der Postdigitalität hineinwachsen. Es muss normal werden, mit dem Staat digital zu kommunizieren, und es muss ebenfalls normal werden, dass Behörden untereinander vernetzt werden. Dafür braucht es neben agileren – oder besser antifragileren – Arbeitsmethoden vor allem die Nutzung digitaler Technologien im Verwaltungsalltag.

Die Bevölkerung hat auch eine eigene Analyse, warum es hakt, den Staat digitaler zu machen. Erwartungsgemäß sieht eine große Mehrheit der Menschen dafür die unklare Organisation zwischen Bund, Ländern und Kommunen als zentralen Grund an (72 Prozent). Gleichzeitig wird die geringe Digitalkompetenz in den öffentlichen Verwaltungen kritisiert (65 Prozent) und der Datenschutz für fehlende Digitalangebote verantwortlich gemacht (63 Prozent). Spannend ist, dass jüngere Menschen insbesondere die »ungenaue oder unkonkrete Zielsetzung« von Digitalprojekten kritisieren (Forsa 2021: 27). Dem können wir uns nur anschließen.

Darüber hinaus sei an dieser Stelle erwähnt, dass es wohl keinen realen Zusammenhang zwischen der Verfügbarkeit von Internetinfrastruktur und Nutzung von Verwaltungsdienstleistungen gibt. Wie Corinna Funke (2022) zeigt, haben Staaten wie Finnland oder Estland eine schlechtere Infrastruktur und dennoch eine sehr hohe Nutzung an Verwaltungsdienstleistungen. Deutschland hingegen: recht hoher Breitbandausbau, aber schlechte Werte in der Nutzung von digitalen Dienstleistungen. Der Grund für diese auf den ersten Blick etwas ungewöhnliche Statistik lässt sich einfach erläutern. Im besten Fall benötigen digitale Verwaltungsdienstleistungen kaum hohe Kapazitäten beim Down- oder Upload. Damit wäre ein sich hartnäckig haltendes Argument gegen die Nutzung von E-Government-Services revidiert. Vielmehr spielen die bereits genannten Punkte wie der geringe Bekanntheitsgrad oder auch die schlechte Benutzer:innenfreundlichkeit eine große Rolle.

## Europa – den Schwung nutzen

Auch auf der europäischen Ebene gibt es viel Dynamik, die eine ermöglichende Politik intensiv diskutieren und mit in ihre Entscheidungen aufnehmen muss. Digitalisierung geht nur europäisch. Insbesondere, wenn wir sie souverän und resilient gestalten wollen. Das Europäische Parlament hat Mitte 2022 den Digital Market Act (DMA) und den Digital Service Act (DSA) auf den Weg gebracht. Durch beide Maßnahmen will die EU sowohl Onlineunternehmen stärker in die Pflicht nehmen als auch den Kampf gegen illegale Inhalte im Netz intensivieren. Es sind einheitliche Regeln für die Sorgfaltspflichten und die Haftungsausschlüsse von Vermittlungsdiensten – das sind die Onlineplattformen ja auch – vorgesehen. Der Digital Service Act soll damit zu einem sicheren Onlineumfeld und größerer Effizienz des EU-Binnenmarkts für solche Dienste beitragen. Es sieht ein europaweit einheitliches Verfahren zur Meldung und unverzüglichen Entfernung illegaler Inhalte sowie zusätzliche Sorgfaltspflichten für sehr große Onlineplattformen vor.

Das Gesetz über digitale Märkte bringt neue wettbewerbsrechtliche Regelungen auf den Weg, um die »Gatekeeper«, als die die marktbeherrschenden Digitalkonzerne auftreten, in ihrer Macht zu beschränken. Es beinhaltet einen Verhaltenskodex mit strengeren Regeln und sieht vor, dass die Suchmaschinen und sozialen Netzwerke ihren gewerblichen Nutzer:innen Zugriff auf die Daten geben, die sie bei der Nutzung der Gatekeeperplattform generieren. Der Digital Market Act sieht vor, dass personenbezogene Daten von unterschiedlichen Onlinediensten eines Unternehmens, wie beispielsweise WhatsApp und Instagram, ohne ausdrückliche Nutzereinwilligung nicht mehr zusammengeführt werden dürfen. Zudem erhofft sich der EU-Gesetzgeber, durch neue Transparenzvorschriften einige Schwachstellen der DSGVO auszugleichen, was etwa die umfassende Sammlung von Daten im Internet auch von Nicht-Usern durch sogenannte »Tracker« angeht.

Wir sind also rechtlich gut gerüstet und müssen diesen umfassenden digitalpolitischen Rechtsrahmen in Europa mit Leben füllen. Deutschland muss sich daher auf den Weg machen, diese Verordnungen umzusetzen und zur Richtschnur seines digitalpolitischen Handlungskatalogs zu machen. Ergänzt werden diese umfassenden Bestrebungen mit weiteren Regelungen für die Nutzung europäischer Märkte durch die bekannten Tech-Unternehmen.

Im März 2022 verkündeten US-Präsident Joseph Biden und EU-Kommissionspräsidentin Ursula von der Leyen eine politische Grundsatzeinigung über ein neues Datentransferabkommen. Damit sollen transatlantische Datenflüsse personenbezogener Daten künftig wieder unkompliziert ermöglicht werden. Dies betrifft etwa die Nutzung von US-Clouddiensten oder die Übermittlung von personenbezogenen Daten an Konzernzentralen in den USA durch Unternehmen in der EU. Das bisherige Abkommen hatte der Europäische Gerichtshof (EuGH) im Juli 2020 im sogenannten Schrems-II-Urteil gekippt. Das neue Abkommen, »Privacy Shield 2.0« oder Transatlantic Data Privacy Framework (TADPF), sollte ursprünglich bis zum Jahreswechsel 2022/2023 verabschiedet werden. Die Umsetzungsfrist für vergleichbare Verträge der EU-Kommission mit Unternehmen aus datenschutzrechtlich unsicheren Drittstaaten endete am 27. Dezember 2022, ohne dass ein Entwurf der US-Seite für den Rechtstext vorlag. Mit einem neuen Rahmen für Datenübertragungen ist erst zu rechnen, wenn dieses Buch erschienen ist. Signale gibt es verschiedene, was die Dynamik in dieser Sache angeht. Wie auch immer, der Weg in eine Abhängigkeit von amerikanischen Leistungen wird weitergehen. Es kommt darauf an, mit welcher Eigenleistungsfähigkeit die Verwaltung agieren kann. Ein neues Datenschutzabkommen wird aber auch von der europäischen Wirtschaft dringend benötigt. Datenschützer:innen bezweifeln jedoch, dass ein neues Abkommen den strengen Anforderungen der DSGVO genügen wird. Rechtslage und Überwachungspraxis in den USA sind nämlich nur schwerlich mit dem europäischen Datenschutz in Einklang zu bringen, was sich in der Diskussion um die Schaffung einer deutschen Verwaltungscloud als schweres Hemmnis erweist. Die technische Umsetzung von Verschlüsselungslösungen sind zudem für Unternehmen kaum leistbar und mit einer hohen Rechtsunsicherheit verbunden. Vor allem die Nutzung von Clouddiensten ist auch im privatwirtschaftlichen Kontext riskant, so lange es keine Vereinbarung gibt. Derzeit gibt es in diesem Bereich keinen Weg einer zulässigen Datenübermittlung in die USA. Mit Jahresbeginn 2023 spitzt sich die Lage weiter zu: Das Lagern von personenbezogenen Daten von EU-Bürgerinnen und Bürgern auf Servern von US-Unternehmen wie Cisco Webex, auf die US-Behörden potenziell zugreifen könnten, verstößt dann aufgrund des fehlenden Rechtsrahmens gegen die DSGVO. Microsoft hat schon mit einer neuen »EU-Datengrenze« reagiert, die seit Januar 2023 wirkt. Darüber hinaus braucht es langfristig eine verbindliche Regelung zwischen den USA und Europa. Unabhängig davon, wann und ob diese neue Form der Kooperation vorliegt, muss aber die Zeit genutzt werden, sich mit dem Aufbau eigener Kompetenzen in der EU und in Deutschland zu beschäftigen.

## Der Digitalisierung eine Richtung geben

Es ist gut, dass die Bundesregierung versucht, mit der Digitalisierungsstrategie eine langfristige Orientierung für die Politik zu formulieren. Gerade zum Ende der Frist des Onlinezugangsgesetzes zeigte sich, dass es für die Verwaltungsdigitalisierung langfristige Pläne geben muss. Am Ende braucht es mehr als das Streichen des Datums in einem Gesetz. Es braucht eine realistische Bestandsaufnahme und ein politisches Leitbild, an dem man sein eigenes Handeln orientiert und Erfolge messbar macht.

Das Leitbild einer Digitalisierungspolitik der vielen Möglichkeiten schafft in diesem Sinne die Grundlagen, um die Handlungsfähigkeit des Staates sicherzustellen. Die Mehrheit der in Deutschland lebenden Menschen hat klare Erwartungen an die doppelte Sicherheitsleistung unserer staatlichen Institutionen. Man konnte das bei den Befragungen von Forsa für die FDP-Fraktion sehen, aber auch umfassende gesellschaftliche Umfragen zeigen deutlich und über Jahrzehnte hinweg einen sozialen Grundkonsens in unserer Gesellschaft (Mielke/Ruhose 2021). Dieses Bedürfnis wird in den Krisenzeiten der 2020er-Jahre immer stärker und bildet über alle Schichten und Milieus hinweg die Grundlage auch für die Gestaltung der digitalen Transformation. Denn wie wir gesehen haben, sind alle Bereiche unseres individuellen und gesellschaftlichen Lebens betroffen. Die digitalen Verwaltungsangebote führen dazu, wenn wir es strategisch angehen, dass in Deutschland die bürgernahe Verwaltung modernisiert wird und zum aktiven Teil des digitalen »Ökosystems« wird. Dafür kann der Staat auch einen Beitrag durch offene Daten leisten und zur Entfaltung neuer digitaler sozialer Innovationen in unserer Gesellschaft beitragen. Digitalisierungspolitik ist auf allen Ebenen wachsam gegen Cyberangriffe und Bedrohungen in der digitalen Welt. Gleichzeitig stärkt sie die digitale Souveränität des Staates, indem Abhängigkeiten von großen Technologieunternehmen reduziert werden. Ermöglichende Digitalisierung verbindet den Einsatz digitaler Technologien für Klima- und Umweltschutz mit dem Ziel der Klimaneutralität digitaler Anwendungen.

Ermöglichende Digitalisierung schafft aber Raum dafür, dass Begegnungen von Menschen der »Goldstandard« bleiben. Ob bei der sozialen Absicherung, der Gesundheitsversorgung oder der Bildung bleiben Begegnungen und gemeinsames Miteinander ein hohes Gut, was nicht wegdigitalisiert werden darf. Auch das führt, wie gesehen, zu einem Blackout, nämlich beim gemeinsamen Zusammenleben. Deswegen braucht es ein Recht auf Kontakt, auf Gespräch, und das Verständnis dafür, dass wir auch parallele analoge Angebote aufrechterhalten wollen.

Allgemein brauchen wir dabei politische Strategien, die nicht nur die Risiken neuer Technologien betonen. Wir brauchen Maßnahmen, die den Rahmen dafür setzen, dass Bürger:innen und Unternehmen die Chancen der Digitalisierung für sich nutzen können. Denn diese gibt es aller pessimistischen Zukunftsbeschreibungen zum Trotz an vielen Stellen, durch neue nachhaltige Geschäftsmodelle und die Möglichkeitsräume für unsere Gesellschaft durch digitale Teilhabe. Hier wird am deutlichsten, an welchem Konzept wir uns orientieren. Durch den Befähigungsansatz, entwickelt von Amartya Sen, »wird der individuelle Vorteil gemessen an der Befähigung einer Person, die Dinge zu tun, die sie mit gutem Grund hochschätzt. [...] Das Konzept des Befähigungsansatzes ist also eng mit dem Chancenaspekt der Freiheit verbunden; Chancen werden als ›umfassende Chancen‹, nicht in bloßer Anhäufung zu einem Endergebnis gesehen« (Sen 2012: 259). Wir müssen also dafür sorgen, dass das Digitalisierungsversprechen für alle in unserer Gesellschaft eingelöst wird. Dafür muss der Staat digitale Daseinsvorsorge gewährleisten und eine leistungsfähige digitale Infrastruktur gestalten. Damit werden in der modernen Gesellschaft die Gleichwertigkeit der Lebensverhältnisse in der Stadt, auf dem Land und in der digitalen Welt sichergestellt. Verwirklichungschancen lassen sich definieren als »die Möglichkeiten oder umfassenden Fähigkeiten (›Capabilities‹) von Menschen, ein Leben führen zu können, für das sie sich mit guten Gründen entscheiden konnten und das die Grundlagen der Selbstachtung nicht in Frage stellt« (Sen 2000: 29). Als zentrale Bestimmungsgrößen der Verwirklichungschancen lassen sich »individuelle Potenziale und gesellschaftlich bedingte Chancen voneinander unterscheiden: Individuelle Potenziale umfassen sowohl Einkommen und Güterausstattung als auch nichtfinanzielle Potenziale« (Rahner 2014: 23). Wie sich diese für jeden Menschen entfalten können, hängt von der Ausgestaltung der

Chanceninfrastruktur der Gesellschaft ab. In der postdigitalen Gesellschaft muss der Staat daher auch in der digitalen Transformation instrumentelle Freiheiten (Sen 2000: 52–54; Volkert et al. 2006: 9) gewähren. Soziale und politische Chancen bedürfen in der digitalen Welt besonderen und anderen Schutz. Ermöglichende Digitalisierung greift dies auf, sichert zukunftsfähige Arbeitsplätze und schafft den Rahmen für modernes Arbeiten. Die entscheidende Frage muss sein, wie eine frühzeitige und wirksame digitale Befähigung möglichst vieler Menschen in Deutschland erreicht werden kann. Dazu müssen konkrete Handlungsfelder identifiziert werden, in denen durch gezielte Reformen in den laufenden digitalen Wandlungsprozessen mehr Chancengleichheit, höhere Selbstbestimmung und eine bessere Entwicklung von Kompetenzen erreicht werden können.

Ermöglichende Digitalisierungspolitik begreift die Transformationen als technologisches und soziales Projekt. Ein Blick in die Geschichte bisheriger Transformationsprozesse von Gesellschaften zeigt, dass die inkrementelle Veränderung den disruptiven Prozessen überlegen ist. Wenn Digitalisierung also nicht der Selbstzweck ist und Politik nicht einfach nur modern dadurch ist, dass jetzt auch »Blockchain und KI« genutzt werden, dann kann über ernsthafte politische Schritte gesprochen werden. Jenseits von Beratungsdeutsch und dem Suchen nach dem nächsten Trend, kann durch eine solide Politik die Digitalisierung so Einzug in unsere Gesellschaft erhalten, dass sie den Menschen in den Mittelpunkt stellt. Dafür müssen wir aber die staatlichen Institutionen in die Lage versetzen, dass sie die digitalen Möglichkeiten für sich nutzen können. Dafür müssen wir zentrale Strukturfragen stellen.

## Umorganisation – vom Wimmelbild zur Governance

Wie soll eine politische Struktur aussehen, die konstruktive und durchsetzungsfähige Digitalpolitik in Deutschland entstehen lässt? Die allgemeine Annahme ist wohl, dass auf politischer Ebene entsprechende Strukturen eingerichtet worden sind, welche die Digitalpolitik strukturiert abarbeiten. Diese Aussage ist weder falsch noch richtig. Es handelt sich um ein recht junges Politikfeld, daher können wir aktuell nicht auf erfolgreich eingerichtete politische Strukturen zurückblicken und befinden uns weiterhin im Lernprozess. Oftmals wird auf die Analogie zur Umweltpolitik hingewiesen. Ein in den 1980er-Jahren aufgekommenes Politikfeld, welches heute selbstverständlich als eigenes Ressort angesehen wird.

Digitalpolitik als eigener Bereich, der sich auch in der Exekutive in den Kommunen, Ländern und im Bund widerspiegelt, ist erst wenige Jahre alt. Ab dem Jahr 2010 entwickelten sich nach und nach eigene Stabsstellen, die sich mit dem Thema befassten. Dies insbesondere in den Kommunen, die hier hervorgehoben werden sollen, da sie als Vorreiter gelten und damals ihre Digitalisierungsaufgaben gebündelt haben. Oftmals ging das mit einer eigenen Digitalstrategie der jeweiligen Stadt einher, die dann – logischerweise – auch zu einer strukturellen Veränderung geführt haben. Beispielhaft ist das an der Stadt Köln zu sehen, die zunächst das Papier »Internetstadt Köln« im Stadtrat beschlossen und anschließend auch die Organisationsstruktur verändert hat. Auf Landesebene wurden Ministerien umbenannt und auf der Bundesebene wurde neben der Position des CIO zeitweise auch eine Beauftragte der Bundesregierung für Digitalisierung eingesetzt. Wir sehen also eine entsprechende Entwicklung, wie Digitalpolitik strukturell umgesetzt wird. Dennoch gilt: Die Digitalisierung ist zwar im Namen eines Ministeriums oder einer Stabsstelle verankert, aber die politische Umsetzung im Gesamten hinkt hinterher. Der Grund sind strukturelle Probleme, die gelöst werden müssen. Daher schlagen wir für die Exekutive folgende strukturellen Veränderungen vor, damit wir in Deutschland vorankommen. Es wäre für den Erfolg der ermöglichenden Digitalisierung wichtig, dass auf Bundesebene eine koordinierende Struktur eingerichtet wird. Das durchaus bekannte Wimmelbild des Normenkontrollrats hat einmal sehr anschaulich die Frage aufgeworfen, ob die aktuelle Struktur funktionieren kann. Wir meinen, Strukturen helfen, aber wie es in Deutschland manchmal so ist, funktioniert es dann halt nicht reibungsfrei – und auch nicht agil und schnell.

Eine angemessene Ausstattung für die Digitalvorhaben der jeweiligen Fachressorts ist dringend geboten. Es kann und darf nicht sein, dass das Thema von wenigen Mitarbeiter:innen bearbeitet wird. Die geringe personelle Ausstattung hat bereits bei der Bundesbeauftragten dazu geführt, dass diese Struktur nicht akzeptiert worden ist und die Rolle wieder aufgegeben wurde. Digitalbudgets müssen in den Haushaltsverhandlungen eine viel zentralere Rolle einnehmen. In diesem Buch wird deutlich, wie viele Aufgaben zu bewältigen sind. Auch der finanzielle Spielraum ist eine wichtige Komponente, wenn es um die Weiterentwicklung von Digitalisierung in Deutschland geht. Aktuell gibt es kaum Daten über die Höhe der jeweiligen Budgets in den Ministerien oder Dezernatsstellen. Liegen solche Auswertungen vor, sind es in der Regel Listen über Projekte. Deren Budgets mit digitalem Bezug summiert werden. Dies führt dazu, dass oftmals kein Überblick besteht, vielmehr noch: Es gibt keine politische Machtoption, wenn nicht deutlich wird, wie hoch das eigene Politikfeld bewertet wird.

Ein weiterer Schlüssel zum Erfolg ist eine übergreifend funktionierende Koordination auf Bundesebene. Hier plädieren wir dafür, dass das Kanzleramt diese Funktion aktiv übernimmt. In dieser Funktion kann es in Zusammenarbeit mit den Ressorts dafür Sorge tragen, dass eine Digitalstrategie entwickelt und abgearbeitet wird. Darüber hinaus hat das Bundeskanzleramt die Kompetenz, die Abarbeitung der Aufgaben zu kontrollieren, ein Monitoring aufzubauen und entsprechend zu intervenieren.

Im Hinblick auf strukturelle Veränderungen sollte auch die Rolle des Beauftragten der Bundesregierung für die Informationstechnik strategisch neu gedacht werden. Dieser ist seit jeher dem Bundesinnenministerium zugeordnet. Denkbar wäre eine Einbindung des CIO in das Bundeskanzleramt oder eine weitere Stärkung seiner Position aus einem Fachressort heraus. Die strategische und koordinierende Aufgabe kann nur dann gelöst werden, wenn diese aus dem Bundeskanzleramt erfolgt. Mit einer Eingliederung in das Bundeskanzleramt können weitere

Verantwortung sowie Befugnisse zugebilligt werden, Standards für die gesamte Bundesverwaltung zu setzen und Skalierung zu ermöglichen.

Digitalisierung ist ein Querschnittsthema und benötigt Partner:innen in jeder Fachverwaltung. Bei einer stärkeren Koordination in diesem Sinne muss zwingend darauf geachtet werden, dass dies bis hin zur Referatsebene verläuft. Hier findet die konkrete Zusammenarbeit zwischen den unterschiedlichen Ministerien statt, und es bietet sich an, Silos aktiv aufzubrechen und agile Teams zu bilden. Gleichzeitig müssen Bund und Länder ein gemeinsames Instrument entwickeln, das als Digitalisierungsgesellschaft auch die föderale Zusammenarbeit gestalten kann. Diese Einheit muss die tatsächliche Umsetzungskompetenz von der Fachseite und den verschiedenen Ebenen erhalten. Damit würde ein deutsches Government Digital Service etabliert werden, wie es in der Digital4Germany GmbH auf Bundesebene schon angelegt ist. Eine »Digital Service Unit« ist ein Team von digitalen Expert:innen aus der Digitalwirtschaft und Technologiebranche und internen Politikmanagern, die den Auftrag zur Digitalisierung staatlicher Strukturen und Einrichtungen erhalten. Vorreiter sind die Briten, die den U. K. Government Digital Service (GDS) 2011 gegründet haben. Hier wäre es auch denkbar, dass Bürger:innen intensiver in die Digitalisierung von staatlichen Leistungen miteinbezogen werden. Ein ausgewählter Pool aus ganz Deutschland könnte als Digitalisierungsbotschafter:innen Vorschläge und Ergebnisse testen und kritisieren, um Verfahren gemeinsam weiter zu entwickeln. Hier kann auch die Erfahrung der kommunalen Ebene viel unmittelbarer für Digitalisierungsvorhaben berücksichtigt werden.

Wir brauchen eine grundlegende Auseinandersetzung mit der Digitalisierung. Die Konzentration auf die Verwaltungsdigitalisierung ist ohne Zweifel ein relevanter Aspekt. Jedoch müssen wir – wenn wir den schleichenden Blackout verhindern wollen – den Blick weiten. Um gemeinsame politische Entscheidungen treffen zu können, schlagen wir die Gründung einer Digitalisierungsfachkonferenz auf Bundesebene vor, die sich dezidiert mit den Themen befasst, die der IT-Planungsrat nicht bearbeitet, die aber oftmals sogar wichtiger sind, damit Deutschland digitaler und nutzer:innenfreundlicher wird. Auch hier lohnt sich ein Blick in die Historie: Eine Vernetzung der zuständigen Staatssekretär:innen und später auch der Landesminister:innen erfolgte im Jahr 2018. Allerdings war dies ein »loser Verbund« ohne weitere Kompetenzen oder personelle Unterstützung. Fachministerkonferenzen haben den Vorteil, dass sie organisatorisch zentral vorbereitet werden. Darüber hinaus wird der Bund einbezogen werden und so eine sinnvolle Zusammenarbeit erfolgen.

Ebenso wichtig ist die Erkenntnis aus der Erfahrung der Vergangenheit: Wir benötigen kein Digitalministerium. Ein Aufbau solch eines Ministeriums ist nicht handhabbar. Das Thema greift so stark in einzelne Ressorts ein, dass ein eigenes Ministerium nur als Bremse wahrgenommen würde, weil intensive Abstimmungen nur viel Zeit in Anspruch nehmen.

Wir wollen es nicht verschweigen: Das föderale System der Bundesrepublik erschwert die erforderliche Standardisierung der Verwaltungsarbeit, technisch sowie rechtlich. Und ein großer Anteil des Wimmelbilds des Normenkontrollrats bezieht sich natürlich auf die Zusammenarbeit und Abstimmung zwischen Bund, Ländern und Kommunen. Genau deswegen wurden das OZG, aber auch die Föderale IT-Kooperation (FITKO) als Digitalisierungsakteurin auf den Weg gebracht. Als Anstalt des öffentlichen Rechts, in Trägerschaft aller Länder und des Bundes, bündelt sie im Auftrag des IT-Planungsrates die nötigen Ressourcen und Kompetenzen und übernimmt die Koordinierung, um die Digitalisierung der öffentlichen Verwaltung zielgerichtet voranzutreiben. Wir sind keine Anhänger:innen von langwierigen Föderalismuskommissionen. Deswegen wird es auch in Zukunft aufgrund der Verflechtungen der länder- und ebenenübergreifende Zusammenarbeit notwendig sein, sich abzustimmen und zu koordinieren.

Wir erleben in Deutschland, dass Digitalpolitik sich parteiübergreifend sehr einig ist. Sobald es allerdings in die Regierungsarbeit geht, besteht diese Einigkeit nicht mehr. Es treten dann die klassischen partei- und fachpolitischen Diskussionen und Probleme auf. Es wird nichts gegönnt. Stattdessen wird Pilotprojekt um Pilotprojekt initiiert. Jedoch: Insellösungen sind nicht mehr möglich: Ein Bundesland kann seine Verwaltungsstrukturen zwar eigenständig digitalisieren. Es befindet sich aber aufgrund der föderalen Interaktion in einer Situation, dass es sich dennoch mit anderen Ländern abstimmen und eigenständige Infrastruktur interoperabel anbieten muss. Sozusagen ein dezentrales System in einem zentralen System, ein Fediverse eben. Daher sind unsere Governancevorschläge am Machbaren orientiert, die zu einer Beschleunigung der Digitalisierung führen – und das sogar sehr schnell. Verbindliche Standards sind ein wesentlicher Schritt für die erfolgreiche Digitalisierung.

Letztlich birgt dieser Weg das Geheimnis zum Erfolg der Veränderung der Struktur für die Verwaltungsdigitalisierung. Wir brauchen Formate, die die Denkweise zur Digitalisierung der öffentlichen Verwaltung grundlegend und nachhaltig verändern. Denn die Struktur des Wimmelbilds ist eigentlich noch viel komplizierter, weil es noch die Fachressorts auf Bundes- und Landesebene ergänzen müsste. Dort wird digitalisiert, deswegen helfen auch kein alleinstehendes Digitalisierungsministerium, sondern nur klare Verantwortungen und zentrale Budgets. Es muss ganzheitlich Behörden und ebenenübergreifend gedacht und auch die Digitalisierung von internen Arbeitsstrukturen sowie -prozessen umfasst werden. Der Gedanke »digital first« muss sich etablieren, um Hierarchie- und Silodenken durch Prozessdenken zu ersetzen, und das möglichst schon beim Gesetzgebungsverfahren. Corinna Funke hat recht, wenn sie darauf verweist, dass nicht unbedingt die Höhe von Mitteln den Erfolg ausmacht, es kommt vielmehr darauf an, Digitalisierung richtig zu managen.

Deswegen brauchen wir im Gesetzgebungsprozess konkrete Verabredungen, dass Fachexpertise und IT- beziehungsweise Digitalexpertise gemeinsam im frühen Stadium der Regierungsgesetzentwürfe zusammengezogen werden. Dann können politisch gewünschte Zielvorgaben direkt mit digitalkonformen Regelungen verbunden werden. Ein Weg übrigens, der in Dänemark gegangen wird, damit nicht immer Estland als Vorbild herangezogen werden muss. In diesem Fall gelingt es in Deutschland direkt, konsistente digitale Verwaltungsverfahren vom

Anfang bis zum Ende zu entwickeln. Das Wimmelbild wird obsolet. Es kann auch dann egal werden, wenn wir über Verabredungen zur EfA-Infrastruktur und zur Standardisierung endlich eine verbindliche Digitalisierungsarchitektur erhalten und durch ein föderales Digitalisierungsbudget absichern.

Gleichzeitig müssen wir den Blick weiten, wollen wir die hier beschriebenen staatlichen Abhängigkeiten reduzieren. Dafür muss die digitale Zivilgesellschaft eingebunden werden. Veranstaltungen wie der Digitalgipfel der Bundesregierung machen nur dann Sinn, wenn Akteur:innen aus diesem Bereich direkt eingebunden werden. In der Vergangenheit war es nicht unüblich, dass Kreise, die nicht eingeladen worden sind, immer wieder deutliche, mediale Kritik daran geäußert haben. Ein weiteres »Showlaufen« mit irrwitzigem Aufwand ohne relevante Ergebnisse sollte nicht weitergeführt und neu gedacht werden. Bereits im Jahr 2022 sah man, dass der Zuspruch hin zu einem Boykott der Veranstaltung führte. Man überlässt der Politik und den wirtschaftlichen Vertretern eine Bühne, auf der sie nur sich selbst feiern.

Es braucht einen ausgefeilten Dialog und die Verzahnung mit dem Wissen der digitalen Zivilgesellschaft. Dafür ist auch wichtig, dass Open Data und Open Source endlich einen großen Stellenwert einnehmen. Unter Open Data versteht man Daten, die von allen und nicht zweckgebunden verwendet werden können. Da der Staat natürlich ein Datensammler ist, liegen hier viele »Schätze« verborgen, die, wenn man sie anonymisiert zur Verfügung stellt, in vielerlei Hinsicht genutzt werden können. So können Mobilitätsdaten zur besseren Steuerung von Verkehrsströmen und Emissionsreduktion genutzt werden. Geodaten und Landkarten, Bilder von Satelliten oder auch Daten zur Wetterentwicklung bilden eine wichtige Grundlage für gesellschaftlichen Fortschritt und das Schaffen resilienter Strukturen, wie wir sie hier immer wieder vorschlagen. Die Bestrebungen der Bundesregierung in diesem Bereich sind wichtig und gehen in die richtige Richtung. Ein Dateninstitut ist nun auf den Weg gebracht, damit in Deutschland auf der Basis von konkreten Anwendungsfällen an einem Ort strukturiert über anwender:innenorientierte Nutzungsmöglichkeiten nachgedacht wird. Die Verfügbarkeiten der Datenschätze im Bereich der Gesundheit, der Mobilität oder der Geodaten müssen sektorübergreifend verfügbar sein. Auch wenn unter geostrategischen Gesichtspunkten hier mit Bedacht agiert werden muss, da die Daten für alle zugänglich sind, glauben wir, dass auch jenseits der sicherheitsrelevanten und daher schützenswerten Bereiche öffentlicher Verwaltungen Daten verfügbar gemacht werden können, damit sie gemeinwohlorientiert nutzbar sind.

Open Source stellt, wie die Übersetzung »offene Quelle« schon deutlich macht, den Quelltext von Software öffentlich dar, sodass auch hier eine Nutzung für eigene – kommerzielle – Zwecke ermöglicht wird. Es ist ein wesentliches Leitprinzip für technischen Fortschritt, da so Anwendungen weiterentwickelt, »eingebaut«, und gleichzeitig mit »Schwarmintelligenz« die Herausforderungen bei der Programmierung komplexer Anwendungen gelöst werden können. Die Heilsbringerin, als die die Open-Source-Software oftmals dargestellt wird, ist sie allerdings nicht. Sie hat große Vorteile, und die Nutzung steigt zurecht von Jahr zu Jahr an, in Unternehmen und der Verwaltung gleichermaßen. Doch natürlich entstehen auch hier Abhängigkeiten, oder es werden Unternehmen, die neue, zukunftsweisende Open-Source-Anwendungen entwickeln, von den großen Tech-Unternehmen aufgekauft. Wir brauchen eine offensive Open-Source-Strategie, die aber nicht blind ist für diese Seite der Medaille.

Zur Stärkung der zivilgesellschaftlichen Engagementmöglichkeiten kann als Vorbild das Internet Governance Forum (IGF) dienen, welches bereits seit Jahrzehnten stattfindet und auch mit dem deutschen Ableger einen Ort für den Dialog über politische und gesellschaftliche Fragen der Internet Governance geschaffen hat. Hier besteht ein Ort, an dem Themen besprochen werden, die für die globalen Fragen der Digitalisierung relevant sind. Zwei Punkte können wir hieraus ableiten und anmahnen:

Zum einen ist das Internet Governance Forum eine überaus wichtige Veranstaltung mit weltweiten Delegationen, die in unterschiedlichsten Foren über wegweisende Entscheidungen im Internet entscheidet.

Seit vielen Jahrzehnten findet die jährliche Veranstaltung in den unterschiedlichsten Ländern statt. Immer wieder wird kritisch angemerkt, dass Deutschland mit seiner Regierung zu wenig vertreten ist. Auch hier muss darüber entschieden werden, wer, wie und in welchem Format die Interessen Deutschlands vertritt. Eine offene Flanke, die dazu führt, dass es wenige Menschen in Deutschland gibt, die das IGF regelmäßig und mit wertvollem Input besucht und gestaltet haben. Dies ist umso schwerwiegender, als dass das Format zeigt, wie es gelingen kann, unterschiedlichste Akteure gemeinsam an einen Tisch zu bekommen, um Lösungen zu entwickeln.

Das führt, zum anderen, direkt zum nächsten Punkt: Warum also nicht gemeinsam darüber nachdenken, welche positiven Aspekte des Netzes weiter strukturell unterstützt werden sollten, anstatt nur ein kleines Haushaltsbudget für Open Data zur Verfügung zu stellen? Warum nicht gemeinsam gegen Telegram vorgehen, anstatt allein auf dem Postweg zu versuchen, ein weltweites Chatnetzwerk zu bändigen? Es erscheint uns fahrlässig, diese Wege nicht zu nutzen und damit auch das Vertrauen in einen digital handlungsfähigen Staat zu verspielen.

Wer nochmals zurückblickt, wie Digitalpolitik in Deutschland und den einzelnen Parteien entstanden ist, der wird sich noch daran erinnern: Das Ziel war, dass sich Digitalpolitik in fünf Jahren »selbst überholt hat« und nicht mehr nötig sein wird. Damit war gemeint, dass das Thema so relevant ist, dass andere Politikbereiche sich sehr schnell bewusst werden, wie nötig es ist, digital mitzudenken. Es wurde gar von einer eigenen »digitalen DNA in den Gesetzgebungsverfahren« gesprochen. Immer wieder sollte daran gedacht werden, wie Menschen und Unternehmen digital agieren und danach auch handeln. Die ermöglichende Digitalisierung ist dabei das Leitbild. Wir brauchen aber ein neues Verständnis staatlicher Organisation dafür.

Mit dem Blick auf die »digitalpolitische Historie« sehen wir nun, dass sich die Digitalisierung nicht selbst überholt hat. Sie hat einen besonderen Stellenwert erhalten. Wir zeigen auf, in welche Bereiche die Digitalisierung Einzug gehalten hat, vor welchen Herausforderungen wir stehen und was zwischenzeitlich erreicht worden ist. Dennoch ist ein wichtiger Punkt kaum betrachtet worden: die Verantwortung der Parteien dem Thema gegenüber.

Selbstverständlich finden sich in vielen parteipolitischen Beschlüssen auch digitale Komponenten. Zwischendurch gab es mit der Piratenpartei gar eine Organisation, die sich dem Thema ganz gewidmet hat. Und ja, es gab in einigen Parteien auch intensive, kontroverse Diskussionen über digitale Richtungsfragen. Die inhaltliche Auseinandersetzung mit dem Thema ist bei der aktuellen Bundesregierung bemerkenswert intensiv. Dies bescheinigen nicht nur die Verantwortlichen für die entsprechenden zentralen Kapitel im Koalitionsvertrag, auch viele Beteiligte außerhalb des Regierungskreises attestieren der Ampel einen einmaligen, ausgereiften, zukunftsfähigen und positiven Blick auf das Thema.

Schauen wir jedoch auf die einzelnen Parteien, so sieht die Lage durchaus durchwachsen aus. Es ist in allen Gremien der Parteivorstände angekommen, dass es keine politische Positionierung mehr ohne Nennung des Megathemas Digitalisierung geben darf. Verweise auf die veränderte Sachlage gibt es zu Genüge. Was fehlt, sind grundsätzliche Auseinandersetzungen mit dem Thema. Initiativen wie die der SPD mit der Gründung eines eigenen Digital Hub weisen in die richtige Richtung.

Was bedeutet die Digitalisierung für die einzelnen Parteien? Wie setzt sich eine Partei mit dem Thema auseinander und findet entsprechende Lösungsansätze?

Bei der Suche nach Antworten auf diese Fragen zeigt sich: Es gibt kein Erkenntnisproblem. Unsere Wirtschaft muss digitaler werden, unsere Schulen sollten sich mit dem Thema mehr auseinandersetzen, als nur über Tablets oder Whiteboards zu sprechen. Wir benötigen mehr Sicherheit und müssen Kriminalität besser bekämpfen. Jedoch: Was bedeutet dies alles genau aus der jeweiligen politischen Sicht? Hier fehlen in den Parteien die Entscheidungen, und vielleicht würde uns auch Streit über die Themen helfen, denn dadurch werden unterschiedliche Wege sichtbar. Gerade bei Großprojekten fehlt es oftmals an öffentlich anderer Meinung. Ross und Reiter sollten benannt werden.

Dies hätte vier Aspekte: Zunächst einmal würde es in den Parteien eine intensive Diskussion um den Kurs geben. Themen würden diskutiert, es würde gestritten werden, aber es würde eine Entscheidung fallen. Zweitens wüssten die eigenen Parteimitglieder und damit auch Regierungsverantwortlichen, welche Leitlinien ihre Partei hat. Drittens wäre es auch für die Bevölkerung wichtig zu wissen, was eine Partei genau möchte. Viertens würde der inflationäre Begriff Digitalisierung seinen Mythos verlieren. Man könnte besser einordnen, was er konkret bedeutet, wie er unser Leben verbessert, und damit auch entscheiden, was man will.

# 5.
# Plattformstaat – der resiliente Staat

Die Plattformökonomie ist in aller Munde. Ein sperriger Begriff, der beschreibt, dass das Geschäftsmodell der erfolgreichen Tech-Unternehmen darauf beruht, »mithilfe des Internets ökonomisch vorteilhafte Transaktionen zwischen mindestens zwei unabhängigen Nutzergruppen anbahnen« zu können, wie es das Institut der deutschen Wirtschaft aus Köln definiert (Büchel et al. 2022: 4). Eigentlich ist das auch eine treffende Bezeichnung für das Geschäftsmodell des Staats, wie wir finden.

Wenn man sich die Vorteile der Plattformökonomie vor Augen führt, könnte das Leitbild, den Staat als Plattform zu organisieren, ein wegweisender Ansatz dafür sein, die notwendige Resilienz herzustellen, die es in unserer digitalen Moderne braucht. Für Plattformen ist es wichtig, »dass sie konstant attraktive Knotenpunkte für ihre Plattformnutzer darstellen und entsprechend auf Augenhöhe mit den Bedürfnissen ihrer Nutzer sind« (Büchel et al. 2022: 12). Sie übernehmen somit eine Koordinations- und Erleichterungsfunktion, da sie als »Intermediär zwischen verschiedenen Akteuren« agieren und so der Mittelpunkt eines ganzen Systems sind, das als Ökosystem bezeichnet wird.

Doch bisher ist in der Gesellschaft die digitale Transformation weiter vorangeschritten als in unserer Verwaltung. Hier wird immer noch nach dem Bürokratiemodell gearbeitet, wie es von Max Weber Anfang des letzten Jahrhunderts beschrieben wurde. Wir sehen deutlich, warum beides – Weber'sche Organisationen und moderne Gesellschaft – nicht mehr zueinander passt. Die Herausforderungen der Zukunft – Klimawandel, Integration und Digitalisierung – lassen sich nicht in einen Aktendeckel packen. Sie stellen die Verwaltungen vor anspruchsvolle und oft zeitkritische Herausforderungen. Die öffentliche Verwaltung ist das

»Betriebssystem« unserer Gesellschaft – und es braucht ein Update, damit es noch betriebsbereit bleibt.

Digitale Verwaltung bedeutet, dass sie organisatorisch so ausgerichtet ist, mit Ad-hoc-Situationen und gestiegenen Kommunikationsbedürfnissen umzugehen – dem neuen Normal in der digitalen Gesellschaft. Die Verwaltung muss Instrumente nutzen, die evidenzbasiertes Entscheiden und Handeln des Staates ermöglichen. Die wichtigsten Werkzeuge sind heute eine breite Datenbasis, agile Prozesse und die Nutzung moderner Technologien. Letzteres war übrigens schon immer ein wichtiges Instrument moderner Verwaltung: Zu den Zeiten der großen preußischen Verwaltungs- und Staatsreformen, Anfang des 19. Jahrhunderts, waren es mehrfarbige Stifte, heute sind es Methoden der Datenökonomie, Künstlichen Intelligenz, Plattform- und Kommunikationstechnologien, die wir unter »Digitalisierung« zusammenfassen. Streng segmentierte Arbeitsteilung hilft dann nicht mehr weiter. Eine modern organisierte und digital kompetente öffentliche Verwaltung ist kein Selbstzweck, sondern eine Voraussetzung dafür, dass unser Staatswesen ein lernendes wird.

Digitale Plattformen bieten ein alternatives Organisationsprinzip, eines, das eine Absicherung vor dem Blackout darstellt. Was müsste geschehen, um den Staat als Plattform zu organisieren? Die Vorteile von Plattformen liegen auf der Hand: Wenn wir den Staat als Plattform organisieren, verfügt er über eine große Anzahl von Nutzenden – den Verwaltungen –, und es entstehen Netzeffekte. Plattformen reduzieren komplexe Abläufe durch die Senkung von Transaktionskosten. Am Ende entsteht ein eigenes digitales Ökosystem, das staatliche Verwaltungen resilient und souverän macht gegen Gefahren und einem digitalen Blackout vorbeugt und gleichzeitig den digitalen Aufbruch ermöglicht, den die Ampel-Koalition in ihrem Koalitionsvertrag ausgerufen hat. Zudem wird eine Umgebung geschaffen, die selbstorganisierende Strukturen und dezentral organisierte Prozesse zulässt und so die neue Arbeitsweise des resilienten Staats unterstützt.

Das bedeutet aber auch, dass staatliche Verwaltung mehr Verantwortung für den Schutz und die Ermöglichung des digitalen Lebens und digitaler Selbstbestimmung übernehmen muss. Dafür braucht es mehr Sichtbarkeit staatlicher Akteur:innen im digitalen Leben, vor allem aber die Übernahme einer modernen Fürsorgefunktion. Das bedeutet: Die rechtsstaatliche und sozialstaatliche Rolle öffentlicher Institutionen muss gleichsam ausbuchstabiert werden.

Es kann nicht sein, dass die Bürger:innen eines modernen Staatswesens bei der »Digitalisierung« der Verwaltung nur reine Formularausfüller sind. Dies führt zu absurden Situationen wie der postalischen Bestätigung längst in Behörden vorhandener Daten, wie es bei der Grundsteuerreform der Fall ist. Wer von Nutzer:innenperspektive redet, muss solche Prozesse verhindern.

## Eine Plattformstrategie für den Staat

Um den Staat resilient zu machen, brauchen wir bei der Digitalisierung einen neuen Ansatz. Einen Ansatz, der sowohl die Risiken durch zu wenig als auch durch zu viel Digitalisierung im Blick behält. In diesem Kapitel wird es etwas technisch, weil wir uns tief in die Struktur des digitalen Staats begeben.

Ein Teil der Probleme der Digitalisierung ist, dass staatliche Fachverfahren, so nennt man die Softwares, die zur Bearbeitung der Vorgänge in den Verwaltungen eingesetzt werden, oftmals als veraltete Client-Server-Architekturen umgesetzt sind. Wir haben demnach an vielen Stellen mit Legacysoftware zu kämpfen, also Anwendungen, die auf veralteten Standards oder Technologien beruhen. Die Folgen haben wir schon weiter oben bei der Frage der Eigenleistungsfähigkeit unseres Staates beschrieben. Neben einem zu hohen administrativen Aufwand sind diese Verfahren auch durch große Abhängigkeiten von den Anbietern geprägt. Wenn wir unsere Struktur der digitalen Verwaltung entbürokratisieren und agiler aufstellen wollen, müssen wir an diese Architektur gehen. Sie muss so gestaltet werden, dass sie auf Plattformen standardisiert betrieben werden. Statt vieler Varianten gibt es also eine, die von allen genutzt werden kann.

Prinzipiell müssen die Verwaltungen ihre digitalen Infrastrukturen transformieren, um in einem digitalen Ökosystem ebenenübergreifend und über den gesamten Verwaltungsablauf hinweg digital arbeiten zu können. Dadurch und durch die Schaffung von redundanten Sicherheitsstrukturen werden auch Blackoutszenarien verhindert. Dafür gilt es auch bei der Digitalisierung bestehender sowie dem Aufsetzen rein digitaler neuer Vorgänge, auf standardisierte Cloud- oder Prozessplattformen zu setzen. Dann ist die ständige Interaktion mit den Antragsteller:innen Standard, und es könnten bereits im Antragsprozess Daten ausgewertet und erste Rückmeldungen gegeben werden. Dies ist bei einer Teilung der Systeme in Antrags- und Fachverfahren nicht umsetzbar. Viele der Digitalisierungslabore haben im Übrigen genau diesen umfassenden Ansatz gewählt und sind weit über die reine Beantragung als Antragsformular hinausgegangen. Das heißt, im Umsetzungsprozess des OZG wird diese Beantragungsstrecke an vielen Stellen Realität.

Das Zielbild sollte eine überschaubare Anzahl von Antrags- und Prozessplattformen umfassen. Was ist dann aber die Veränderung zum Status quo, werden hier viele fragen. Nun, denken wir einmal zu Ende, was hier möglich ist. Das Einer-für-alle-Prinzip (Efa-Prinzip) hat derzeit an vielen Stellen mit kleinen rechtlichen Abweichungen von Land zu Land oder mit administrativen Unterschieden auf kommunaler Ebene zu kämpfen. Den Staat als Plattform zu verstehen, heißt auch, den politischen Wettbewerb auf die Plattformen zu hieven und nicht einfach nur die Plattformen stattfinden zu lassen. Lasst uns doch einfach den Bauantrag deutschlandweit standardisieren und über eine Bauantragsplattform anbieten. Die politischen Unterschiede drehen sich dann um jene Fragen, die die Menschen tatsächlich interessieren, nämlich die Lebensbedingungen und Standortvor- oder -nachteile. Gleichzeitig können natürlich politische Schwerpunkte wie Vorgaben bei der Hausgestaltung weiterhin bestehen, das interessiert eine digitale Genehmigung im Prinzip nicht wirklich. Und so geht es weiter, Leistung für Leistung.

Wenn dann noch das EfA-Prinzip gerettet wird, haben wir eine effiziente föderale EfA-Struktur: ein Bundesland für die Baubeantragung, ein anderes beispielsweise für die Anlagengenehmigungen. Wenn dieses Prinzip für die großen Verfahren durchgehalten würde, hätten wir viel Strukturvereinfachung im Wimmelbild erreicht. Insbesondere, weil auch für die Umsetzung des »Once-only«-Prinzips im Kontext der Registermodernisierung die Harmonisierung von Rechtsbegriffen unumgänglich ist, setzt unser Vorschlag an laufenden Projekten wie der Vereinheitlichung des Einkommensbegriffs an. Damit das aber auch gelingt, muss es in Deutschland zu einer schnellen und entschlossenen Priorisierung dieses Projekts kommen. Auch wenn die Projektplanungen einen Abschluss bis Ende 2025 vorsehen, ist schon jetzt absehbar, dass das ein sehr ambitioniertes Ziel ist. Wollen wir aber nicht, dass wir auch hier in einen schleichenden Blackout geraten, müssen wir verhindern, Richtung 2030 zu rutschen. Die Gefahr ist real, und sie kann dazu führen, dass der Abstand zwischen uns und anderen Ländern, vor allem aber zu den Tech-Unternehmen, noch größer wird. Während wir noch über die Standardisierung unserer Verfahren sprechen, wird überall maschinelles Lernen eingesetzt, und Künstliche Intelligenz führt dazu, dass ganz neue Verfahren eine Rolle spielen, wie sie zum Beispiel aktuell durch Large-Language-Modelle möglich gemacht werden.

Kleinere staatliche Leistungen können weiterhin über die nun in ganz Deutschland etablierten Antrags- und Prozessplattformen angeboten werden. Wenn diese mit einer verbindlich-standardisierten Prozessmodellierungssprache betrieben werden und eine grundsätzliche Verpflichtung besteht, die Daten transferierbar zu machen, bleibt auch die Gefahr von Abhängigkeiten im überschaubaren Rahmen. So kann ein potenzieller Wettbewerberwechsel in einem vernünftigen Zeitraum offen gehalten werden, zum Beispiel Neuausschreibungen alle fünf Jahre. Verbunden ist dieses Vorhaben mit der Umsetzung des Registermodernisierungsgesetzes. Die Registermodernisierung ist der nächste große Meilenstein der Verwaltungsmodernisierung. Denn moderne und vor allem digitale Register sind die Voraussetzung für Ende-zu-Ende digitalisierte Verwaltungsprozesse und die Verwirklichung des Once-only-Prinzips. Damit wird sichergestellt, dass Daten und Dokumente lediglich einmal übersandt werden und wir nicht mehr ein Fiasko erleben müssen wie bei der schon erwähnten Neubemessung der Grundsteuer. Nachweisdokumente werden durch Registerabfragen und zwischenbehördlichen Datenaustausch ersetzt. So werden alle entlastet, auch die Verwaltung selbst, für die hier ein großes Potenzial an Kosteneinsparungen und Automatisierungen liegt.

Durch die Verwendung standardisierter Datenfelder kann sichergestellt werden, dass der Onlinedienst zukünftig an Register angebunden und damit »Once-only«-fähig wird. Die verschiedenen Register sind dezentral auf Bund, Länder und Kommunen verteilt und liegen vielfach noch nicht in einem standardisierten, digitalen Format vor. Mit der Steuer-ID als veränderungsfestes Ordnungsmerkmal sollen Verwaltungsdaten sicher und datenschutzkonform der richtigen Person zugeordnet werden.

Somit ist die Registermodernisierung im Vergleich zum OZG der eigentlich bedeutsamere Schritt in Richtung Digitalisierung der Verwaltung. Es ist ein Projekt, das auf der einen Seite zentral und auf der anderen Seite organisatorisch zumindest als sehr anspruchsvoll zu bezeichnen ist. Kurz: Es wird Jahre dauern, bis es abgeschlossen ist.

Gleichzeitig bietet sich mit der Etablierung einer eID, die gebrauchstauglich ist, schon vorher die Möglichkeit jenseits eines so großen und komplexen Programms, die für Behördengänge notwendigen Dokumente digital bereitzustellen. So könnten die Behörden beispielsweise durch eine Bereitstellung von Dokumenten wie Geburtsurkunde, Meldebescheinigung und Ähnlichem im zentralen Bundesnutzer:innenkonto datenschutzkonform mit den Menschen kommunizieren. Diese können dann ihre Unterlagen sicher über das Konto an die fragende Behörde weitergeben, ohne dass es ein kompliziertes Datenschutzcockpit braucht. Das ist auch eine Absicherung, falls doch noch rechtliche Bedenken gegen eine zentrale Identifikation und die digital miteinander kommunizierenden Register zum Tragen kommen.

Ein echter Mehrwert der Verwaltungsdigitalisierung für Bürger:innen sowie die Verwaltungen selbst entsteht aber erst durch eine medienbruchfreie digitale Verwaltungsleistungen. Für Verwaltungen bieten (teil-)automatisierte Prozesse die Möglichkeit, Ressourcen effizienter einzusetzen und Mitarbeiter von Routinetätigkeiten oder belastenden Aufgaben zu entlasten. Frei gewordene Ressourcen können für die Lösung anspruchsvoller Verwaltungsaufgaben und die Verbesserung der Servicequalität genutzt werden. Da es sich bei Verwaltungsleistungen um regelbasierte Systeme handelt, kann das Automatisierungspotenzial im öffentlichen Dienst insgesamt als hoch eingeschätzt werden. So können etwa Routinetätigkeiten und standardisierte Verfahren, die kein menschliches Ermessen erfordern oder keine Entscheidungsspielräume beinhalten, in der Regel vollständig automatisiert ablaufen. Automatisierte Entscheidungsverfahren oder die Automatisierung von Teiltätigkeiten können die Geschwindigkeit und die Wirtschaftlichkeit von Verwaltungs- und Sachbearbeitungsprozessen erheblich beschleunigen. In einem Nebensatz findet diese Revolution ihren Weg in einen Beschluss für die Ministerpräsident:innenkonferenz. Dort heißt es in einem Beschluss zum Ende des Jahres 2022, dass das EfA-Prinzip auch bei der Entwicklung von Fachverfahren (Back-end) verankert werden soll. Wenn dann noch – wie von den kommunalen Spitzenverbänden in ihren »Dresdner Forderungen« vorgeschlagen – vom Bund übertragene Pflichtaufgaben zur Erfüllung nach Weisung oder Auftragsangelegenheiten dahingehend geprüft werden, wo eine dezentrale technische Abwicklung verzichtbar ist, dann kann dieser Beschluss zur Entlastung der Kommunen beitragen, indem er für diese Leistungen zentrale digitale Verfahren bereitstellt. Gleichzeitig müssen wir digitalisierbare Weisungsaufgaben ohne kommunale Gestaltungsspielräume wieder in die Hände von Bund und Ländern geben.

Wollen wir einen digitalen Infarkt verhindern, müssen wir uns auch darüber unterhalten, was wir zu digitalisieren haben. Erst prüfen, ob ein Verfahren abgeschafft werden kann, dann im Bedarfsfall den Prozess optimieren und dann erst entsprechend digitalisieren. Eine zentrale

Voraussetzung bei der Ende-zu-Ende-Digitalisierung kommt daher der Transformation des Rechts zu: Digitaltaugliche Gesetze und Verordnungen sind die Grundlage für medienbruchfreie Verwaltungsverfahren. Die Digitaltauglichkeit unserer Gesetze, Verordnungen und Verfahren ist ein wichtiger Treiber der Verwaltungsdigitalisierung und eine Voraussetzung für durchgängige, nutzerfreundliche und standardisierte Verwaltungsprozesse.

Rechtliche Hürden bei der Ende-zu-Ende-Digitalisierung der Verwaltungsprozesse wie das Schriftformerfordernis gilt es konsequent abzubauen. Auch wenn dafür in der aktuellen Diskussion gute Regelungen vorgesehen werden, hakt es unter anderem daran, dass noch nicht klar ist, ob »die verwendeten Signaturverfahren technisch sicher und praktikabel sind«, wie der Digitalexperte Torsten Frenzel in einer Bewertung von Plänen des Bundesinnenministeriums zur Reduktion der Hürden des Schriftformerfordernisses in der digitalen Welt festhält (Menhard 2022). Das ist leicht gefordert und eigentlich auch einfach umgesetzt, es braucht nur eine rechtliche Vorschrift dafür. Die Probleme liegen in Deutschland vor allem dort, wo die zuständige Fachlichkeit an Regeln festhält, die eine Digitalisierung verhindern. So scheitert die digitale Beantragung des Personalausweises an der Vorschrift des persönlichen Erscheinens bei den zuständigen Ämtern (Schleyer 2022: 18). Das zu ändern, wird viel mehr beschleunigen, als unser bisheriger Weg, mit Milliarden Euro um die Hürden herum zu digitalisieren.

So setzen etwa die Registermodernisierung und der effektive Datenaustausch zwischen Registern und Fachverfahren im Sinne des Once-only-Prinzips verfahrensübergreifende, eindeutige Rechtsbegriffe voraus. Ein wichtiger Schritt für mehr Digitaltauglichkeit wäre ein Digitalcheck, mit dem Gesetze und ihre Umsetzung künftig bereits vor dem Gesetzgebungsverfahren auf ihre Digitaltauglichkeit abgeklopft werden. Er wäre damit das zentrale Instrument, um Verwaltungsverfahren einfacher, nutzerfreundlicher und durchgängig digital zu modellieren, digitale Lösungen zum Standard zu machen und digitales Denken in der Verwaltung zu verankern. Die bisherigen Ansätze, die das Bundesinnenministerium nun austesten möchte, gehen in die richtige Richtung. Wir fassen den Digitalcheck aber weiter, als er jetzt erprobt wird. Damit wir wirklich verbindlich feststellen können, welcher digitale Erfüllungsaufwand eines Gesetzes vorliegt, müssen sowohl die IT-Strukturen, das Vorliegen von Standards sowie der Umfang der Umsetzungskapazitäten überprüft werden. Ein Beispiel kann dafür die neue Leistung »Kindergrundsicherung« werden. Ein ambitioniertes politisches Projekt, welches durch die Zusammenfassung und Neufassung staatlicher Leistungen Kinder in unserer Gesellschaft besser fördern möchte. Das ist ein großes sozialpolitisches Vorhaben der Bundesregierung aus SPD, Grünen und FDP. Es wird aber auch Verwaltungen vor große Herausforderungen stellen – ebenenübergreifend. Hier kann ein wirklicher Digitalcheck dafür sorgen, dass parallel zur inhaltlichen Gesetzgebung auch der dazugehörige digitale Prozess abgebildet wird. So kann es unmittelbare Rückkopplungen geben und ein digitaltaugliches Recht entwickelt werden.

Wir müssen aber die gesamte Logik staatlichen Regierens verändern. Fachliche Diskussionen zu neuen Regelungen oder Novellierungen, wie in jüngster Zeit das Bürgergeld oder das Entschädigungsrecht, müssen durch ein Design für einen guten digitalen Prozess begleitet werden. Erst danach darf die Phase der Gesetzeserarbeitung starten.

Ziel ist es, den Prozess zur Erstellung digitaltauglicher Gesetze zu vereinfachen und zwischen allen staatlichen Ebenen konsistent auszugestalten. Noch einmal zum Wimmelbild der Digitalisierung: Wenn wir das verabreden, brauchen wir viele Querverbindungen nicht, da dann klar ist, dass staatliche Prozesse von Anfang an digital sind. Wichtig ist, dass wir dafür ein ebenen- und jahresübergreifendes Digitalisierungsbudget verabreden und das Einer-für-alle-Prinzip für kommende gesetzliche Regelungen fortschreiben. Am Ende ist die staatliche Verwaltung somit eine Plattform, und das Regieren in Deutschland hat eine neue Form.

Das zu erreichen ist wichtiger als Anreize zu setzen, »quick and dirty« zu digitalisieren. So hat die Frist im OZG, Ende Dezember 2022 »alle Vorgänge« der Verwaltung zu digitalisieren, an einigen Stellen zu einer »Schein-Digitalisierung« geführt, wie es der Vorsitzende der Gesellschaft für Freiheitsrechte, Ulf Buermeyer, beschreibt (zitiert nach Menhard 2022). Wir müssen Digitalisierung nicht unter Zeitdruck betreiben, sondern dazu nutzen, bestehende Prozesse zu optimieren und zu entschlacken (dpa 2022). Wobei wir beim Thema Zeitdruck durchaus Nachholbedarf sehen.

Aus der OZG-Umsetzung, wie man es zum Beispiel im Melderecht beobachten kann, lässt sich lernen, dass bei starkem Digitalisierungsbezug die Qualität der Gesetzgebung in dem Maße steigt, in dem Arbeitsstrukturen zwischen Bund und Ländern in die frühen Regelungsüberlegungen auf Bundesebene eingebunden werden. Daher plädieren wir dafür, an diesen Eckpunkten anzusetzen und mehr föderale Kooperation zu wagen.

Die hier skizzierte Plattformstrategie setzt bei der gemeinsamen Nutzung einer zentralen Infrastruktur an. Dabei stehen die Authentifizierungsverfahren, die Paymentmöglichkeiten und zentrale, für alle Behörden nutzbare Kommunikationskomponenten im Mittelpunkt der Bemühungen. Es ist also richtig, sich bei der Fortschreibung des Onlinezugangsgesetzes endlich bundesweit mit diesen Fragen zu beschäftigen. Hier das »Einer-für-alle«-Prinzip anzusetzen, würde wesentlich mehr Sinn ergeben als bei der Frontend-Architektur, also dem bloßen Bauen und Bereitstellen der Antragsformulare (Heine/Kuhn 2022, Kuhn 2022), oder sich an weiteren Großprojekten zu verheben.

Die Vorteile einer plattformnutzenden Verwaltung fasst ein Strategiepapier der Beratungsfirma init (2022: 2) zusammen:

»Technologie-Plattformen sind flexibel erweiterbar, leicht skalierbar und bieten nachnutzbare Komponenten und Dienste. Ökosystem-Plattformen führen unterschiedliche Nutzergruppen und deren Daten zusammen, sodass Netzwerkeffekte und neue innovative Ideen entstehen können. Mithilfe von Plattformen werden vollständige Prozesse Ende-zu-Ende medienbruchfrei abgebildet. Diese Flexibilität und der ganzheitliche Prozess-Ansatz bieten enorme Chancen für die Gestaltung effektiver, unbürokratischer und moderner Verwaltungsprozesse.«

Damit diese Vorteile eines Plattformstaats genutzt werden können, müssen wir diesen Gedanken auch bei der Standardisierung für Digitalprojekte weiterentwickeln. Wenn wir Normen und Standards in Deutschland einheitlich formulieren, können wir die Digitalisierung stärken, ohne dass wir uns mit der Veränderung in ewigen Föderalismuskommissionen verhaken. In Artikel 91c GG besteht für den Bund schon heute die Möglichkeit zur Regelung der Standardisierung. Bei der OZG-Umsetzung, darauf weist Markus Keller zurecht hin, sind an vielen Stellen individuelle Lösungen ohne einheitliche Regeln entstanden. Wir schlagen vor, eine »universelle Verwaltungsdatensprache« zu schaffen, wie es Markus Keller (2022: 6) genannt hat. Wir brauchen dafür »eine leistungsfähige Standardisierungsorganisation mit mehrjährigem Budget« (DIN 2023: 16). Auch hier wird somit eine Plattform etabliert (DIN 2023: 17), wichtig ist nur, keine Doppelstrukturen aufzubauen. Bei der Beschleunigung der Verwaltungsdigitalisierung muss der Staat dafür auf Industriestandards setzen und marktfähige Produkte einsetzen, anstatt langjährige Eigenentwicklungen zu beauftragen.

## Eigenleistungsfähigkeit – neues/altes Ziel staatlicher Verwaltung

In Deutschland werden die aktuellen Trends und Herausforderungen losgelöst voneinander diskutiert. Aber eigentlich hängen sie zusammen und müssen auch miteinander verbunden diskutiert werden. Das gilt für den Klimaschutz und die Möglichkeiten der Digitalisierung genauso wie für die Herausforderungen der Künstlichen Intelligenz für unsere Gesellschaft und die Fachkräfteproblematik (Ford 2022). Betrachten wir beides zusammen, so führt es uns bald zu der Frage, wie ein Plattformstaat durch Automatisierung oder Teilautomatisierung die digitale Zukunft gestalten kann. Die Diskussion rund um das Thema Fachkräftemangel macht dabei auch vor der öffentlichen Hand nicht halt und wird zunehmend als Problem erkannt. Es ist bereits absehbar, dass die Babyboomergeneration ab 2025 in hohem Maße in den Ruhestand gehen wird. Der Druck auf die, die im Staatsdienst bleiben, wird höher werden, und es werden schnell neue Ideen benötigt, wie wir durch Digitalisierung die steigenden Anforderungen an den Staat und die gleichzeitigen Fachkräftelücken wieder übereinbringen. Im Hinblick auf die Digitalisierung sehen auch viele Beschäftigte, dass es keinen Weg zurück, sondern nur nach vorne gibt. Der stark angstbesetzte Diskurs (Brynjolfsson/McAfee 2018 oder auch Frey/Osborne 2013) hat sich gedreht. So haben sich Beschäftigte in der öffentlichen Verwaltung übergreifend zusammengetan, um gemeinsam über die Digitalisierung und die Chancen für den Staat zu diskutieren (Hassel et al. 2021). Es handelt sich aktuell um eine recht kleine Anzahl, aber es ist erkennbar, dass Bewegung in das Thema kommt. Eine Studie der European School of Management and Technology gemeinsam mit KPMG und dem Institut für den öffentlichen Sektor hat den Bedarf an Fachkräften für die Entwicklung, Implementierung und nachfolgende Wartung aller OZG-Leistungen geschätzt. Bund, Länder und Kommunen brauchen allein für die flächendeckende OZG-Umsetzung und die Wartung und Aktualisierung insgesamt rund 46.600 IT-Fachkräfte (Holler/Schuster 2021).

Deswegen müssen wir vor dem Hintergrund der Automatisierungsmöglichkeiten auch im Staat Vorsorge treffen und hinterfragen, für welche Werte und Kultur die Verwaltungen stehen. Es geht darum, dass der Staat selbst in die Lage versetzt wird, die Digitalisierung seiner Anwendungen vorzunehmen.

Wir müssen in Deutschland einen Pfad der Gewährleistung staatlicher Eigenleistungsfähigkeit beschreiten, nur so bleibt der digitale Staat auch ein souveräner Staat. Unsere Verwaltung steht dabei vor einer Zeitenwende. So wie wir heute verwalten und Politik betreiben, werden wir das nicht fortführen können. Allein aus dem Fachkräftemangel heraus werden wir überlegen müssen, wo menschenfreundlich automatisiert werden kann und welche Dinge noch mit Menschen erledigt werden. Der Verwaltungsexperte Jens Weiß hat daher Recht, wenn er feststellt, dass es »natürlich [...] auch darum (geht), welche Leistungen dann nicht mehr erbracht werden können« (Wittstock 2022). Wir stellen aber auch die Frage, wo maschinelle Unterstützung in den einzelnen Prozessen

Arbeit erleichtern kann. Insbesondere in der Masse sind automatisierte Prozesse denkbar und eigentlich auch eine Pflicht. Die daraus gewonnene Zeit kann dann für spezielle Fälle genutzt werden, um diese mit mehr Zeit und letztlich auch effektiver umzusetzen. Daher müssen gerade die Chancen der kommunalen Verwaltungen besonders betont werden.

Dabei erweist sich auch die Frage als logisch folgerichtig, ob die Werte im 21. Jahrhundert noch aktuell sind und wie Beamt:innen ihre Arbeit in der öffentlichen Verwaltung definieren. Wenn wir uns damit nicht befassen, droht uns der schleichende Blackout, weil der Staat so in die Lage geraten wird, einige seiner Kernaufgaben nicht mehr bedienen zu können. Dies gilt besonders für die Gestaltung der Digitalisierung. Gerade im Technologiesektor und seiner zunehmenden Spezialisierung sehen wir, dass Fachkräfte kaum noch für den öffentlichen Dienst gewonnen werden können. In einigen Bereichen wurde erkannt, dass Personalentwicklung eine andere Dimension einnimmt, als nur eine Gehaltsklasse nach oben zu steigen.

Es ist auch zu fragen, wie gute Teams aufgestellt werden, wie Ideen entwickelt werden und wie es möglich ist, den Staat modern aufzustellen. Dies sind erste Anfänge, die mit viel Interesse beobachtet werden. Es braucht viel Erfahrung, aber in gewisser Weise auch Mut, diesen Prozess in die Wege zu leiten. Dabei sehen wir, dass viele Interesse daran haben, sich für den Staat einzusetzen, um ihn weiterzuentwickeln. Es wird also ein wichtiger Punkt sein, ob die kommenden Fachkräfte ihre Ideen »durchboxen« müssen oder starke Motivation von Führungskräften erhalten, die sie darin unterstützen.

Wir brauchen aber auch eine strategische Planung, wie wir mit der Sicherung des Know-hows innerhalb der staatlichen Verwaltung umgehen. Auch wenn die Verwaltungsmitarbeiter:innen aufgrund von Kenntnissen, Erfahrungen und digitaler Affinität in der Lage sind, technische Prozesse zu bewerten und auch Hilfsleistungen vorzunehmen, muss man die hohe Varianz an digitaler Kompetenz in den Blick nehmen.

Schauen wir einmal darauf, wie der Rat der Europäischen Union (2018: 9) digitale Kompetenz definiert hat: »Digitale Kompetenz umfasst die sichere, kritische und verantwortungsvolle Nutzung von und Auseinandersetzung mit digitalen Technologien für die allgemeine und berufliche Bildung, die Arbeit und die Teilhabe an der Gesellschaft. Sie erstreckt sich auf Informations- und Datenkompetenz, Kommunikation und Zusammenarbeit, Medienkompetenz, die Erstellung digitaler Inhalte (einschließlich Programmieren), Sicherheit (einschließlich des digitalen Wohlergehens und Kompetenzen in Verbindung mit Cybersicherheit), Urheberrechtsfragen, Problemlösung und kritisches Denken.«

In einer aktuellen Umfrage haben sich in einer repräsentativen Umfrage im Auftrag der Initiative »Digital für alle« (Bitkom 2023) die Befragten durchschnittlich die Schulnote 3, also »befriedigend«, ausgestellt. Bei komplexen digitalen Prozessen genügt aber das normale Anwendungswissen nicht mehr, wenn es zu Problemen bei Programmabläufen oder der Hardware kommt. Hier wird unmittelbar ersichtlich, dass sich auf staatlicher Seite alle Behörden mit ihren Aufgaben noch einmal befassen und aufschlüsseln müssen, in welchen kritischen Bereichen schon heute die Schwierigkeiten der Aufrechterhaltung staatlicher Souveränität bestehen.

Im Februar 2023 verwarf das Bundesverfassungsgericht die automatisierte Datenanalyse, um Straftaten vorbeugend zu bekämpfen, als verfassungswidrig. Es urteilte über Sicherheitsgesetze in Hamburg und Hessen. Dieses Urteil sollte genutzt werden, um bestimmte Festlegungen in sicherheitspolitischen Großprojekten wie Polizei 2020 noch einmal auf digitale Souveränität zu überprüfen. Der Aufbau eigener, nationaler Fähigkeiten zur Analyse unstrukturierter Daten beziehungsweise die Etablierung »eigener« Technologien liegt im deutschen Sicherheitsinteresse und folgt den Zielen nationaler Souveränität. Gleiches gilt für die Hoheit über sämtliche Daten im Sicherheitsbereich und den generellen Anspruch, insbesondere bei KI-gestützten Verfahren größtmögliche Transparenz bei den Algorithmen zu gewährleisten.

Eigenleistungsfähigkeit zu sichern, ist eine zentrale Aufgabe für »Digital Service Units«, die wir auch für Deutschland ebenenübergreifend vorschlagen. Darunter versteht man ein zentral verortetes Team von Digitalexpert:innen, die oftmals aus der Privatwirtschaft abgeworben werden und in Teams mit Verwaltungsmitarbeiter:innen mit der Digitalisierung des Staates beauftragt werden. Auch sie stärken dadurch die Eigenleistungsfähigkeit der Verwaltung. Großbritannien hat so schon 2011 seine Bemühungen zur Digitalisierung an zentraler Stelle zusammengebunden. Der »Government Digital Service« konzentrierte sich nach dem Konzept des »Government as a Platform« darauf, nutzerfreundliche Basisdienste zu entwickeln (zum Beispiel Bezahldienst GOV.UK Pay) und für alle zur Verfügung zu stellen.

Durch die Arbeit der Agency for Digitisation konnte Dänemark ein System aufbauen, das wir auch für Deutschland vorschlagen und welches durch die Fortschreibung des Onlinezugangsgesetzes im Jahr 2023 Stück für Stück bei uns Realität wird. Dank der sogenannten NemID wurde durch die dänische Digital Service Unit eine digitale Identität geschaffen. Gemeinsam mit »Digital Post«, einem einheitlichen staatlichen Postfach, über das die gesamte Kommunikation der Bürger:innen mit ihrem Staat abgewickelt wird, steht so ein umfassendes Instrumentarium zur Verfügung, um die Vorteile der Digitalisierung zu nutzen. Die Nutzer:innendaten sprechen für sich: Über 90 Prozent der dänischen Bürger:innen nutzen dieses Angebot.

Nun kann der Verweis auf die Studien zum Fachkräftebedarf angeführt werden. Wie soll das geschafft werden, wenn doch die Menschen gar nicht da sind? Auch wenn die Studien mit Unsicherheit behaftet sind, werden nach aktuellen Schätzungen bis zu 140.000 Kräfte fehlen. Dabei ist es aus unserer Sicht aber interessant zu sehen, ob die fehlenden Bedarfe gerade durch Digitalisierung und Automatisierung am Ende nicht viel niedriger ausfallen. Dafür zu sorgen, ist das Ziel von Initiativen wie der Human Friendly Automatisation, einem von Lars Schitlow, Leiter Digital Change bei IBM, gegründetem Netzwerk, um die Menschen bei Automatisierungsprozessen in den Mittelpunkt zu stellen. Mitglied aus dem Bereich der Verwaltung ist zum Beispiel die Bundesagentur für Arbeit. Deren Vorsitzende Andrea Nahles (zitiert nach Steevens 2022) sieht in der Automatisierung nämlich zurecht gerade »kein Mittel zur Rationalisierung oder zum Personalabbau. Automatisierung ist vielmehr ein Teil der Lösung in Zeiten des demografischen Wandels und des Fachkräftemangels. Hierbei müssen wir transparent vorgehen, die Beschäftigten mitnehmen und auch weiterhin sinnstiftende und wertschätzende Arbeit anbieten.«

Die nutzer:innenorientierte Entwicklung des Plattformstaats wird in diesen Digital Service Units durch agile Arbeitsweisen erreicht. Schnelle Reaktionsfähigkeit stellt hier den politischen Wert für die Verwaltungen dar und führt dazu, bürokratische Arbeitsweisen zu überwinden und ressortübergreifend – und am Ende sogar staatliche Ebenen übergreifend – Projekte voranzutreiben, die ein resilienter Staat braucht, um die Herausforderungen zu meistern.

Uns geht es gleichzeitig nicht darum, dafür zu plädieren, dass der Staat alles selbst machen muss. Es geht darum, dass das Gleichgewicht im »Ökosystem« mit den externen Dienstleister:innen wiederhergestellt wird. Eine hohe Eigenleistungsfähigkeit bedeutet dann, dass die Verwaltungen in der Lage sind, an Externe ausgelagerte digitale Anwendungen und Leistungen selbst zu erbringen oder diese im Notfall mit eigenen Kompetenzen schnell und ohne Verluste auf andere Externe zu verlagern – eine Krisenfähigkeit, die immer wichtiger wird, je mehr wir uns digitalisieren.

Wenn wir die FITKO als eine Art Digitalisierungsagentur für die föderale Gestaltung der Verwaltungsdigitalisierung verstehen, benötigt sie Personal und eine klare Aufgabenstruktur. Der IT-Planungsrat muss dafür, aufbauend auf seinen Beschlüssen Ende des Jahres 2022, ein Arbeitsprogramm – die Digitalstrategie für Deutschland – auflegen. Ein Element ist die Steuerung und Kontrolle der FITKO. So kann diese Kleinstbehörde als agiles Team agieren und auch strategische Vorarbeiten leisten. Es besteht also schon heute ein Ort, der genutzt werden kann, den gestiegenen Bedarf an zügig einsetzbaren, länderübergreifenden digitalen Lösungen in nahezu allen politischen Bereichen zu decken. Gemeinsam mit einem ebenenübergreifenden Digitalservice

Deutschland (Digital4Germany) und der für die Cloudstrategie wichtigen govdigital ist somit ein Ökosystem entstanden, das wir endlich strategisch steuern müssen. Dafür braucht es die Formulierung eines Arbeitsprogramms des IT-Planungsrats und der klaren Verabredung, dass dieser die drei genannten Elemente zusammen denkt und zentral gemeinsam steuert.

## Der Staat im Web3?

Unter dem Schlagwort »Web3« wurde in der jüngsten Zeit eine auf der Blockchaintechnologie aufbauende virtuelle Welt beschrieben (White 2022: 1). Die Vorteile werden vor allem in der Dezentralisierung von Blockchain-basierten Technologien gesehen (White 2022: 2). Hierunter fallen auch Kryptowährungen, die – gut eingesetzt – das Problem des Zugangs zu Zahlungsmitteln beziehungsweise Krediten für viele Menschen auf der Welt beheben könnten. In der Realität stellt sich allerdings heraus, dass diese Aspekte nicht im Vordergrund der Handelnden dieses Bereichs stehen. Natürlich ist ein Buch zur Digitalisierung eine Momentaufnahme, und es gilt hier umso mehr, dass Prognosen hinsichtlich der zukünftigen Entwicklungen mit hohen Unsicherheiten behaftet sind. Allerdings zeigt sich, dass das Dezentralisierungsargument auch für die etablierten Webdienste gilt, »die ebenfalls ein Netzwerk aus vielen Tausenden Servern in Dutzenden geografisch verteilten Rechenzentren nutzen« (White 2022: 2). Die Machtfrage ist auch hier nicht im Sinne der Nutzer:innen gelöst, sondern es gilt immer noch: Wer die Technologie stellt, der hat auch die Macht über Zugang und Datenflüsse. Gleichzeitig ist der Begriff Web3 derzeit vor allem ein Marketingbegriff. Insofern hilft es aus unserer Sicht auch nicht, bei der Nutzung von Blockchaintechnologien anzusetzen, um dem »schleichenden Blackout« durch zu wenig Digitalisierung zu begegnen. Die Erfahrungen im öffentlichen Sektor mit der Technologie zeigen, dass man hier aufpassen muss, nicht in die Falle teurer Großprojekte zu tappen. Ein negatives Beispiel ist das Vorhaben, Schulzeugnisse auf Blockchainbasis zu digitalisieren. Hier führten die Risiken zu einem Stopp, was uns auch an der gesellschaftlichen Nachhaltigkeit von Kryptowährungen zweifeln lässt. White (2022:2) fasst es treffend zusammen, wenn sie mit Bezug auf diese schreibt, dass die dortige Branche den Menschen »auf Kryptowährung basierende, schlecht regulierte und wenigen Verbraucherschutzmaßnahmen unterliegende, enorm volatile Finanzprodukte (verkauft), die außerdem für Hacks und Betrug anfällig sind.« Außerdem stellt sich unter dem Aspekt der individuellen Datensouveränität die Frage, ob der Staat in Anwendungen, die mit Daten von Bürger:innen arbeiten, wirklich auf die Blockchain setzen kann. Lilith Wittmann (2022: 5) legt den Finger in die Wunde, wenn sie mit Blick auf ein Blockchainprojekt beim Bundesamt für Migration und Flüchtlinge feststellt, »dass in Deutschland ja jeder Mensch im Rahmen der DGSVO ein Recht auf die Korrektur und Löschung seiner eigenen Daten hat. Daten in Blockchains sind aber eben genau unveränderbar.«

Das Zeugnisprojekt wurde im Sommer 2022 übrigens gestoppt, weil Sicherheitslücken festgestellt wurden und es einen »Hack gab, mit dem Einträge in der Datenbank gefälscht werden konnten« (Nordenbrock 2022). Es gibt noch ein weiteres Prestigeprojekt, das in diesem Zusammenhang wenigstens eine kurze Erwähnung verdient: die Planungen der Europäischen Zentralbank für einen Digitalen Euro. Ohne ins Detail zu gehen, stellt sich auch hier die Frage, wo liegt die Veränderung zum Status quo? Frank Wiebe (2023: 17) stellt im *Handelsblatt* eine Vermutung an: »Bargeldlos bezahlen können wir alle längst. Manche Leute ärgern sich über die Marktmacht der Kreditkartenanbieter und von Firmen wie Paypal. Aber die öffentliche Hand als Konkurrenten aufzubauen, um private Marktmacht zu brechen, wäre ein fragwürdiges Argument und wird offiziell gar nicht benutzt. Das Problem ist wohl eher, dass man nicht zugeben will, schon viel Mühe in ein weitgehend sinnfreies Projekt investiert zu gaben.«

Auch dies ist wieder ein Beispiele dafür, dass oft auf Teufel komm raus digitalisiert wird, ohne sich rechtzeitig zu fragen, ob eine digitale Anwendung eine Verbesserung zum Status quo darstellen würden. Wir nehmen das zum Anlass und plädieren dafür, dass der Digitalcheck auch in dieser Hinsicht verstanden werden muss. Manchmal macht es keinen Sinn, Dinge zu digitalisieren oder als durchgängig digitalen Prozess darzustellen. Derzeit wird dafür in »Schaufensterprojekten« (Wittmann 2022: 12) viel Geld ausgegeben, die einer Überprüfung und der Frage nach dem tieferen Sinn nicht wirklich standhalten. Großprojekte in scheinbar »modernen« Bereichen müssen immer besonders kritisch geprüft werden. Das sollte die Richtschnur sein, wenn der Staat meint, Web3-Welten betreten zu müssen. Das sollte auch die Richtschnur sein bei der Frage, wie die Web3-Sektoren zu regulieren sind, damit unsere Gesellschaft sie gestalten kann.

## Der resiliente Staat: digital und analog

Digitale Souveränität für den Staat ermöglichen heißt, strategische Autonomie im Digitalen zu erhalten, statt blind Hypes hinterherzulaufen. Es geht darum, den Staat zu befähigen, eigene politische, gesellschaftliche und wirtschaftliche Prioritäten zu verfolgen und auch konkret in Maßnahmen zu übersetzen. Dies muss so ausgestaltet sein, dass er seine Prioritäten umsetzen kann, ohne sich in Abhängigkeiten beispielsweise anderer Staaten, Beratungsgesellschaften oder externer Dienstleister:innen zu begeben.

Das ist natürlich einfacher geschrieben als gemacht. Die digitale Souveränität der Öffentlichen Verwaltung zu wahren und kontinuierlich zu stärken ist an vielen Stellen derzeit mit Hochdruck in der Umsetzung. Die gefundenen strategischen Ableitungen beschreiben Ziele, Lösungsansätze und konkrete Maßnahmen. Mit diesen Maßnahmen wird eine Hybridstrategie verfolgt. Das heißt, zum einen soll die Öffentliche Verwaltung in die Lage versetzt werden, Anforderungen und Bedarfe gegenüber den IT-Anbietern durchzusetzen, um damit ihre Schmerzpunkte bei der Verwaltungsarbeit gezielt zu reduzieren. Zum anderen sollen alternative IT-Lösungen – insbesondere auf Open-Source-Lösungen basierend – beschafft oder entwickelt und flexibel eingesetzt werden, um die Unabhängigkeit von einzelnen IT-Anbietern und -Lösungen zu stärken.

Mit der Deutschen Verwaltungscloud wird die Möglichkeit einer cloudübergreifenden und wechselseitigen Nutzung von Anwendungen angestrebt. Schwerpunkt bilden hier die Rechenzentren von Bund und Ländern. Private Anbieter und Drittanbieter sollen jedoch nicht ausgeschlossen werden. Das klingt am Ende alles besonders technisch, es hilft aber ganz konkret, unsere kritischen Abhängigkeiten von Anbietern zu reduzieren. Um das souveräne Cloudangebot für den öffentlichen Sektor in Deutschland zur Verfügung zu stellen, braucht es deutsche oder europäische Akteur:innen und auch einen industriepolitischen Kompass in der Zukunft. Auf die Expertise (großer) Unternehmen im Cloudumfeld kann bei der Entwicklung eigener Cloudstrukturen der öffentlichen Hand nicht verzichtet werden. Die Entwicklung der eigenen Cloudstruktur stößt in der Wirtschaft auf großes Interesse.

Wie wichtig das Agieren dieser Unternehmen auch für die Politik ist, zeigt ein Blick auf die Sicherung von über zehn Petabyte an kritischen Verwaltungsdaten aus der Ukraine in der Cloud der Amazontochter AWS unmittelbar nach Beginn des kriegerischen Angriffs Russlands. Der ukrainische Minister für digitale Transformation, Mychajlo Fedorow (nach Gründer 2022), wird zu den geretteten Daten zitiert, dass »dies [...] der Kern für das Funktionieren der Wirtschaft, des Steuersystems, der Banken und der Regierung insgesamt [ist]«.

Das zeigt aber auch, welche Infrastruktur für unseren Staat am Ende des Aufbaus des Verwaltungscloudsystems zur Verfügung stehen müsste. Die Datensicherungen wurden aus der Ukraine noch mittels sogenannter Snowballgeräte ausgeführt, die Daten schnell kopieren und speichern können. Diese wurden dann außer Landes gebracht und in die Cloud transferiert (Gründer 2022). Bei Etablierung einer souveränen Cloud sind die Daten von einem Speicherort zum nächsten »per Knopfdruck« transferierbar.

Für das wichtige Vorhaben eines Datenaußenamts ist dies sehr relevant. Für uns ist das eine der zentralen Maßnahmen, den deutschen Staat resilient zu machen. Es ist gut, dass sich das Vorhaben in der Digitalstrategie der Bundesregierung findet.

Aber es braucht ein klares Signal und auch starke Kompetenzen, dass die öffentliche Hand ihre Position in so einem zentralen Politikfeld neu ausrichtet und auch aus vergangenen Lock-in-Situationen lernt. Was wir mit Rohstoffen und Energiequellen diskutieren, finden wir auch bei der Technik und den Ressourcen der Zukunft bereits in unserem Alltag. Wir müssen unsere Abhängigkeiten reduzieren, ohne den Vorteil der Vernetzung aufzugeben. Deutschland braucht einen Souveränitätsdiskurs in der Politik.

Wir besitzen nur ausbaufähige Fähigkeiten in den Schlüsseltechnologien. Dies führt dazu, dass wir auf der Seite der Software von den bekannten amerikanischen Unternehmen abhängig sind und sich eigene Alternativen aufgrund der Netzeffekte bei diesen Produkten kaum durchsetzen und nur sehr niedrige Akzeptanzwerte vorweisen. Gleichzeitig führen die Fokussierung und Gewöhnung auf beziehungsweise an die Produkte der amerikanischen Tech-Unternehmen dazu, dass wir diese Abhängigkeiten als Gesellschaft Tag für Tag bewusst und unbewusst verstärken.

Auf der Seite des Staates führt dies im Übrigen dazu, dass die fehlende eigene Kompetenz in diesem Bereich als Signal verstanden wird, dass wir gar nicht in der Lage sind, glaubhafte Alternativen und digitale Technologien selbst zu gestalten. Wenn wir es kurz und knapp auf einen Punkt bringen: Auch bei der Digitalisierung entscheiden andere, was wir tun. Wenn wir etwas aus schrecklichen Erfahrungen wie Kriegen und Pandemien lernen sollten, dann, dass wir resiliente Politik betreiben sollten.

Bei der Umsetzung einer Cloudstrategie für die öffentliche Verwaltung müssen wir aber wieder davor warnen, ohne Sinn und Verstand zu digitalisieren. Neben der notwendigen Vorbereitung der Infrastruktur für die Zeit eines datenschutzkonformen Abkommens zwischen der EU und den USA ist es daher notwendig, auf allen staatlichen Ebenen zu fragen und ermitteln, welche Anwendungen eigentlich cloudfähig sind. Dabei richtet sich der Blick also am Ende immer zuerst auf die eigene Infrastruktur, die als private Cloud bezeichnet wird. Diese Infrastrukturen müssen auf die Höhe der Zeit gebracht werden, da wir an allen Stellen mit Legacysoftware umgehen oder die Software auf »Software as a Service« oder »Container as a Service« umgestellt werden muss. Bei dem Aufbau der souveränen Cloud für die öffentliche Verwaltung können dann – je nachdem, wie das Ergebnis der Cloudfähigkeit ausgefallen ist – Anwendungen verschoben oder neue Infrastrukturen nach dem Einer-für-alle-Prinzip bereitgestellt werden. Hier braucht es zur Stärkung der Souveränität Rechenzentrumskapazitäten. Aus unserer Sicht ist der effizienteste Weg, dies zentral aufzubauen. Mit der govdigital hat die Digitalarchitektur in Deutschland einen spannenden Akteur geschaffen, der sicherlich die Möglichkeit besitzen würde, hier mit eigenen oder angemieteten Rechenzentrumsinfrastrukturen und eigenem Personal diese Cloudumgebung aufzubauen.

Wenn wir von Souveränität sprechen, sind wir uns sehr bewusst über die bestehenden Abhängigkeiten gegenüber den großen Tech-Unternehmen und, in den Fachverwaltungen, von den Fachverfahrensherstellern. Das darf nicht negiert werden, sondern es muss damit umgegangen werden. Wer den schleichenden Blackout verhindern will, muss Strukturen schaffen, Eigenfähigkeit besitzen und gleichzeitig auch Bereiche definieren, wo Abhängigkeiten zugelassen oder durch Diversifizierung zumindest reduziert werden können.

Bei der Cloudstrategie wird es daher auch darum gehen, Cloudkapazitäten bei Hyperscalern (AWS, Microsoft, Google, IONOS, und so weiter) anzumieten und dafür eine Ausschreibungsstruktur zu schaffen, um einen Zuschlag an mehrere Provider gleichzeitig zu erreichen. Dies stellt einen guten Einsatz für Verfahren dar, die dort heute schon DSGVO-konform betrieben werden können. Diesbezüglich soll die öffentliche Verwaltung Deutschlands bei Ausschreibungen geschlossen als eine Nachfragerin auftreten. Auch hier kann die govdigital als Akteurin nutzbar sein, geklärt werden muss aber die klare Auftraggeber:innenstruktur. Wie bei der FITKO braucht es hier klare Governance- und Kontrollstrukturen, damit beide nicht einfach Elemente im Wimmelbild bleiben, sondern wir nachvollziehbare Strukturen bekommen.

Auf europäischer Ebene heißt dies, dass wir strategische Antworten auf unser ungutes Gleichgewicht aus Mangel an Soft- und Hardwareproduzenten auf der einen und einer hohen Nutzung von digitalen Technologien auf der anderen Seite finden müssen. Das andere Gegenmodell finden wir in China und eigentlich auch in den USA. Hier werden Ansätze der digitalen Autarkie verfolgt. Es handelt sich um ausschließliche Eigenentwicklung und Eigenproduktion von Schlüsseltechnologien durch viele in ihren Märkten monopolistisch agierende Unternehmen. Politisch wird dies unterstützt durch eine konsequente Bevorzugung eigener Technologien, selbst in Fällen, in denen an anderer Stelle entwickelte Lösungen bessere Ergebnisse erzielen würden. Politisch geht China daher restriktiv mit ausländischen Technologien um und lässt an eigenentwickelten Äquivalenten arbeiten. Dieses Land kann auch die »normalen« Effekte der Netzökonomie dahingehend umgehen, dass der chinesische Markt in selbst so groß ist, dass entsprechende positive Netzeffekte selbst erzeugen werden.

Aus diesen Gründen wäre es für Europa und Deutschland erst recht kein gangbarer Weg, in Richtung digitaler Autarkie zu gehen. Allein der Aufschrei in der Bevölkerung, was den Rückschritt an gewohntem Servicelevel angeht, wäre groß, und politische Mandatsträger:innen würden solche Autarkie-Entscheidungen nicht mittragen können. Wenn wir uns mit der Frage beschäftigen, wie wir unsere Abhängigkeiten in unsere Risikobewertung einbeziehen und dennoch souverän agieren können, finden sich zwischen den beiden Gegenpolen Abhängigkeit und Autarkie auch zielführende Alternativen. »Digitale Souveränität ist die Summe aller Fähigkeiten und Möglichkeiten von Individuen und Institutionen, ihre Rolle(n) in der digitalen Welt selbstständig, selbstbestimmt und sicher ausüben zu können« (ÖFIT 2019: 3). Wir haben aber auch eigene Stärken als resilienter Staat, auf die wir zugreifen und damit Strukturen etablieren können. Angefangen mit juristischen Fragestellungen: Die Leitfrage ist, ob sich die Plattform ausschließlich im eigenen Land befindet und der eigenen Jurisdiktion untersteht. Wichtig – und darauf zielt die Strategie in Deutschland zentral ab – ist es zu klären, ob wir Strukturen vorhalten, die mit ausreichenden Kompetenzen ausgestattet sind hinsichtlich des Verständnisses und der Beurteilung von Technik und Konsequenzen. Es geht um die Befähigung des Staates, rechtliche und technische Kontrolle auszuüben.

Da wir oben von Plattformen geschrieben haben, zeigt sich hier deutlich, dass es sowohl für die Nutzung von Plattformen im öffentlichen Kontext gilt, als auch für die Frage, wo unsere Daten in der Cloud verfügbar gemacht werden. Wichtig auf diesem Weg zur digitalen Resilienz ist es auch, klar zu machen, dass Daten nur dann abgelegt und Anwendungen nur dann genutzt werden können, wenn die Nutzer:innen auch wirklich die technische Kontrolle besitzen. Das setzt voraus, dass Quellcode, Hardware und andere Komponenten dem Zugriff Dritter entzogen in der »Obhut« der Verwaltungen liegen. Um dies zu sichern, haben wir die Aufgabe, durch den Aufbau von Kompetenzen in dem Bereich den Staat in die Lage zu versetzen, diese Produkte und deren Funktionen zu kontrollieren und zu verändern. In vielen Bereichen dient es der Sicherheit gegen die hier thematisierten Blackoutgefahren, dass technische Komponenten selbst entwickelt werden können und die notwendigen Ressourcen dafür vorgehalten werden.

Hier zeigt sich auch, dass digitale Souveränität neben technischer Souveränität nur dann wirklich umgesetzt werden kann, wenn auch die Datensouveränität geschützt ist. Denn Daten sind die Währung des 21. Jahrhunderts. Im Zusammenhang mit der resilienten Ausgestaltung unserer Netzinfrastruktur kommt es darauf an, dass diese redundant angelegt ist. Auch in der Cloud geht es um Redundanzen, um Sicherheitsnetze, damit die Schätze nicht gestohlen werden oder verloren gehen. Wir brauchen also unabhängige Strukturen, damit die Daten dort auch gelesen, geändert und gegebenenfalls auch gelöscht werden dürfen. Politisch ist wichtig, dass wir in dem anzustoßenden Souveränitätsdiskurs neben den wichtigen technischen Dimensionen auch die unmittelbaren Auswirkungen auf unser gesellschaftliches Leben betonen. Wir diskutieren zu wenig darüber, was es heißt, wenn wir in unserer digitalen Unsouveränität verharren. Souverän ist, wer über den Datenblackout bestimmen kann. Dies ist eine betrübliche und düstere Betonung der Angriffsflächen, die eine digitale Gesellschaft bietet. Aber es führt uns eher zu den Knackpunkten, über die wir sprechen müssen, als wenn wir in blumigen Worten die Chancen der Souveränität beschreiben. Dafür ein Bewusstsein zu schaffen ist wichtig.

Falk und Schroeder (2022) weisen zurecht darauf hin, dass »die sozioökonomische und politische Bedeutung von Narrativen« wichtig ist. Sie verweisen auf die »Narratives of Change«, die »eine Perspektive auf eine alternative und bessere Zukunft (schaffen)«. Digitale Souveränität, so schlussfolgern die beiden Autor:innen, kann ein solches Narrativ werden. Bei allem Digitalisierungsoptimismus, den wir hier verfolgen, müssen wir gleichzeitig zur Kenntnis nehmen: Nicht alles, was technisch möglich ist, ist auch gesellschaftlich erwünscht. Bereits die Gentechnikdebatte hat gezeigt, dass die Risikobewertung neuer Technologien maßgeblich von gesellschaftlichen Werten und Normen geprägt ist.

Die Digitalisierung des Rechts ist in diesem Sinne auch das Ergebnis eines gesellschaftlichen Aushandlungsprozesses über die technischen Möglichkeiten und ethischen Grenzen der Digitalisierung. Hier braucht es klare Regelungen, wie Künstliche Intelligenz, die Leistungen des Quantencomputing und Technologien wie Blockchain für den digitalen Staat genutzt werden. Statt eines blinden »Digital-first«-Glaubens muss es auch in Zukunft Aufgabe der Politik sein, die gesellschaftlichen Risiken neuer Technologien im Blick zu behalten. Denn erst dort, wo sich technologischer mit sozialem Fortschritt verbindet, entsteht für die Bürgerinnen und Bürger gesellschaftlicher Mehrwert. Wo Digitalisierung zum Wohle des Menschen eingesetzt wird, entsteht Raum für Innovation und Kreativität, für Kommunikation, Menschlichkeit und Fürsorge.

## In einem Digitaldialog mit der Zivilgesellschaft zusammenarbeiten

Wir sehen, die Gestaltung der digitalen Transformation kann nur erfolgreich sein, wenn eine Vielzahl von Handlungsfeldern gleichzeitig in den Blick genommen wird und die Politik dabei die unterschiedlichsten Interessen in unserer Gesellschaft aktiv aufgreift. Das Spektrum reicht dabei von konkreten Umsetzungsfragen im Rahmen der derzeitigen Gesetzeslage bis hin zu strategischen Grundsatzfragen, die möglicherweise eine Neustrukturierung der Verwaltung auf kommunaler und staatlicher Ebene nach sich ziehen, wie wir sie oben umrissen haben. Reform steht für Neugestaltung; doch Neugestaltung gelingt nachhaltig nur mithilfe innovativer Ideen, eines fachlich fundierten Austausches und des Abwägens von Politikoptionen sowie des sich Verständigen auf ein gemeinsames Grundverständnis. Svenja Falk und Wolfgang Schroeder stellen zurecht fest, dass es eine der »Merkwürdigkeiten der digitalpolitischen Debatte« ist, »dass in unserer Gesellschaft zwar viel über den notwendigen technologischen Wandel gesprochen wird. Dagegen ist das Gespräch über das was und warum es erreicht werden soll in der gesellschaftlichen Debatte merkwürdig unterbelichtet geblieben«.

Geprägt von der gesellschaftlichen Sprachlosigkeit, die man aktuell um das Thema »KI-Verordnung« der Europäischen Kommission erlebt, sind wir der Überzeugung, dass die digitale Transformation nur dann gelingen kann, wenn es darüber ein Gespräch in unserer Gesellschaft gibt. Wir müssen mehr über technische Möglichkeiten und gesetzliche Rahmen sprechen, müssen Risiken und Chancen abwägen und Sorgen ernstnehmen.

Bleiben wir noch einmal beim Beispiel »Künstliche Intelligenz«. Allein die Anwendung ChatGPT, ein einfacher Ableger eines komplexen Sprachmodells der Firma Open-AI, die unter anderem von Microsoft und Elon Musk finanziert wird, zeigt die Dimension, vor der wir in der gesellschaftlichen Auseinandersetzung über die Nutzung von maschinellem Lernen und Künstlicher Intelligenz stehen. Das System beantwortet Fragen auf menschliche Art und überwiegend so, dass die Antworten nach geringer Überarbeitung für alle Arten textbasierter Arbeiten nutzbar gemacht werden können. Für Verwaltung und Kommunikation sicherlich sehr wichtig und hilfreich. Gleichzeitig natürlich aber auch zu hinterfragen, da im Kontext schulischen und wissenschaftlichen Arbeitens die Frage der Eigenleistung sofort im Raum steht, wenn bei Arbeiten auf ChatGPT oder ähnliche Anwendungen zurückgegriffen werden kann, die gerade für die Analyse großer Datenmengen und zur

Erledigung von digitalen Routinetätigkeiten eingesetzt werden können. Auch im medizinischen Bereich wird KI eine wichtige Rolle spielen, zum Beispiel bei der Erhöhung der Diagnosegenauigkeit selbst bei ausgefallenen Krankheitsbildern.

Wie schnell sich solche neuen Anwendungen gesellschaftlich durchsetzen können, zeigt eine Umfrage des Bochumer Center for Advanced Internet Studies zu Beginn des Jahres 2023, die zeigt, dass bereits drei Monate nach der Vorstellung des KI-Services im November 2022 ein Viertel der Menschen in Deutschland ChatGPT kennen oder sogar nutzen (dpa 2023). Es wird auf EU-Ebene zu diskutieren sein, wie der Rahmen für den Einsatz, für Überprüfung und für Schutz vor dem Missbrauch auszusehen hat. Dies alles, ohne das enorme Innovationspotenzial zu negieren oder wieder einmal so früh abzuschneiden, dass der Fortschritt einen Bogen um Deutschland macht. Ähnliches gilt für die Möglichkeiten durch das Metaverse. Hier – wie bei ChatGPT – kommt zudem wieder einmal die Frage nach der Rolle der großen, die Gesellschaft prägenden Unternehmen auf. Aktuell sind wir in einer »Zwischenzeit«, wie es die Ökonomen Agraval, Gans und Goldfarb in ihrem Buch (2022) über die disruptive Ökonomie von KI ausdrücken. Wir befinden uns also zwischen der Einführung und dem Sichtbarwerden der Innovationskraft, die die technischen Möglichkeiten von KI mit sich bringen. Das müssen wir nutzen, um uns vorzubereiten – unser Zusammenleben, unsere staatlichen Verwaltungen und die Arbeitswelt der Zukunft (Ford 2022). Es gilt dabei, auch und gerade über ethisch-moralische Fragen zu sprechen. »Hier ergeben sich zahlreiche Herausforderungen«, hält die Philosophin Judith Simon von der Universität Hamburg fest. Sie hat dort die Professur für Ethik in der Informationstechnologie inne und verweist in einem Interview mit der Frankfurter Rundschau »auf Fragen der Autonomie, der Gerechtigkeit und der Privatsphäre.« Zudem thematisiert sie zurecht die Frage der Ressourcennutzung »(i)n Anbetracht des immensen Stromverbrauchs von Sprachmodellen« (Simons 2023: 27). Einen Anstoß dafür und für mehr Innovationen kann dabei ein regional angelegter Dialogprozess geben, der die vielfältigen, bisher singulär gedachten Dimensionen der Digitalisierung sinnvoll miteinander verknüpft und gleichzeitig Raum für den fachlichen Austausch bietet. Dabei sind zwei Arten des Dialogs, sowohl fachlich-strategisch als auch mit der Bevölkerung, denkbar, die miteinander verzahnt werden müssten:

Da ist zum einem die Form eines Fachdialogs mit allen wichtigen Akteur:innen, um eine strategische Verständigung zwischen Politik, Wissenschaft und zivilgesellschaftlichen Organisationen zu ermöglichen. Dabei kann an bestehende Formate angedockt werden, wie es sie zum Beispiel mit dem Zukunftskongress bereits gibt.

Der Nukleus der Digitalorganisation in Deutschland ist der IT-Planungsrat. Ein Gremium, welches nur in der Fachwelt bekannt ist, aber einen großen und wichtigen Einfluss auf die digitale Transformation unseres Staates und sogar der Gesellschaft hat. Deswegen ist es wichtig, dass die Arbeit des Gremiums transparenter gestaltet wird. Schon heute finden sich alle Beschlüsse online. Aber es ist wichtig, dass das Gremium über zentrale Themen in einer dialogischeren Form berät, als dies heute der Fall ist. Wir schlagen daher vor, dass der Planungsrat entsprechende Formate auflegt, in denen er sowohl mit der Zivilgesellschaft als auch mit den Beteiligten und Betroffenen seiner Entscheidungen regelmäßig zusammenkommt. Dafür ist auch das Kommunalgremium mit seiner beratenden Funktion aufzuwerten.

Dies sollte zum anderen ergänzt werden, um ein Format mit der Bevölkerung. Die zentralen Punkte der Zukunft unseres Zusammenlebens müssen breit diskutiert und vor allem in das Bewusstsein der Menschen gebracht werden. Hier ist zum Beispiel an die Internetwoche Köln oder Thüringen zu denken, die sich bewusst an die Bevölkerung richtet und das Digitale nahbar macht. Das autonome Fahren ist schon mit einem Reglement hinterlegt. In Kürze werden wir einen Rahmen zum Einsatz Künstlicher Intelligenz durch die Europäische Kommission gesetzt bekommen, ohne dass dies in der Öffentlichkeit jenseits der Fachlichkeit diskutiert wurde. Durch Bürger:innendialoge kann es zu einer Platzierung des Themas in der Öffentlichkeit mit dem Ziel kommen, innovative

Umsetzungsideen vor Ort zu sammeln sowie die Alltagserfahrungen ergänzend zu den bisherigen fachlichen Erkenntnissen einzubinden.

Auf der Homepage des BSI finden sich heute schon Kontaktmöglichkeiten, wenn man in einer Notsituation »Digitale Ersthelfer:innen« finden muss. Zudem gibt es eine Hotline und die Möglichkeit, IT-Sicherheitsvorfälle zu melden, um so die gesellschaftliche Resilienz im Bereich der Informationssicherheit zu erhöhen. Dieses Angebot muss noch stärker ins Bewusstsein der Menschen gebracht werden. Auch wenn hier natürlich keine individuelle Beratung geleistet werden kann, so sind die Angebote des BSI wichtiger erster Orientierungspunkt bei individueller Betroffenheit.

Verwaltungen und Unternehmen benötigen selbst ein Business Continuity Management, also ein strategisch aufgesetztes Notfallmanagement. Für die Cybersicherheit wird dies seit dem Jahr 2023 über die sogenannte NIS-2-Richtlinie in der Europäischen Union geregelt.

Als Austausch- und Wissensplattform bietet dieser breite Digitaldialog vor allem einen großen Vorteil: Er nutzt die Vielfalt der Akteur:innen und ihr Wissen, um das Thema von möglichst vielen Seiten zu beleuchten und gemeinsam zu durchdenken – und damit schlussendlich nachhaltige und tragfähige Lösungen zu entwickeln, die von einem hohen Commitment der beteiligten Akteure getragen sind. Die Gestaltung der digitalen Transformation ist eine gesamtgesellschaftliche Aufgabe.

So verstanden ist der Digitaldialog ein Instrument zur systematischen Vorausschau für die Politik: Mögliche Politikoptionen können frühzeitig durchdacht und auf Akzeptanz getestet, vielfältige Impulse und Ideen gesammelt sowie mögliche Konfliktlinien frühzeitig erkannt werden. Dies ermöglicht ein vorausschauendes (politisches) Handeln. Es entsteht zudem eine jederzeit abrufbare Plattform, die im Hinblick auf Chancen und Risiken von Reformbemühungen ein qualitatives Meinungsbild liefert.

# 6.
# Unser Programm für einen Weg aus dem digitalen Desaster und für den digitalen Aufstieg

Wie real die Gefahr eines digitalen Blackouts in Deutschland ist, konnte ab dem 1. Januar 2023 besichtigt werden. Nein, es war kein großer Angriff oder ein flächendeckender Netzausfall. Es ging um den Fall des Blackouts, der unsere Gesellschaft durch zu wenig Digitalisierung bedroht. Die politische Entscheidung, den Empfängerkreis beim Wohngeld zu erhöhen, führte dazu, dass zu den bisher 600.000 Haushalten bis zu 1,4 Millionen weitere dazugekommen sind. Ein hoher Verwaltungsaufwand für die Menschen »hinter dem Schalter«, und gleichzeitig warten die Bezieher:innen auf ihre staatlichen Leistungen, die sie schnell brauchen, weil durch die schwierige Lage am Energiemarkt das alltägliche Wohnen für viele nicht mehr bezahlbar ist.

Einen schleichenden Blackout erleben wir aber auch an anderen Stellen der Verwaltungen, wo zunehmende Beantragungen ohne digitale Lösungen zu Überforderungssituationen führen. Hinzu kommt, dass endgültige politische Entscheidungen oftmals sehr kurz vor dem avisierten Start neuer Leistungen oder gravierender Änderungen getroffen werden. Das Bürgergeld löste Hartz IV zum 1. Januar 2023 ab, der Beschluss erfolgt im Dezember 2022. Dann ist es kein Wunder, dass keine digitalen Lösungen vorliegen, zumal es in der deutschen Verwaltung so etwas wie eine »schnelle Eingriffstruppe« nicht gibt und auch kein digitaler Begleitprozess zu den Gesetzgebungsverfahren vorgesehen ist. Überforderung, schleppende Bearbeitungen und Vertrauensverlust sind dann das Ergebnis, obwohl doch politisch genau das Gegenteil erreicht werden soll. Die erfreulichen Entscheidungen, unseren Sozialstaat auf neue Beine zu stellen oder mit dem Wohngeld vielen Menschen in schwierigen Situationen zu helfen, geraten dann in den Hintergrund. Diejenigen, die der politischen Klasse immer schon nachweisen wollten, dass sie das nicht hinbekommt, erhalten so Oberwasser. Wenn aber eine gut arbeitende Verwaltung auf einen Schlag und von einem Tag auf den anderen einen doppelt so hohen Empfänger:innenkreis zu managen hat, kann das nicht erfolgreich sein.

Im Bereich der Standortentwicklung Deutschlands zeigt sich das gleiche Bild. Eigentlich zeigen manche Ergebnisse, wie der Pakt zum Beschleunigen von Verfahren, dass sich Bund, Länder und die Parteien untereinander auf eine gemeinsame Agenda einigen können. Diese Entscheidungen führen dazu, dass wir im Bereich der Erneuerbaren Energie schneller zu Ergebnissen kommen. Hier könnten schnelle Entscheidungen und digitale Verfahren die jeweiligen Blackoutszenarien gemeinsam reduzieren. Eine Win-win-Situation sozusagen. Und dennoch fehlt es an einer Lösung. Hier liegen die Gründe nicht nur in der Schwierigkeit der Materie selbst: Viele Akteur:innen sind zu beteiligen, Risiken abzuwägen und verschiedene Behörden einzubinden. Ein rein digitaler Workflow würde eine einfachere Krisenbewältigung ermöglichen. Mit welchem Kraftaufwand diejenigen in Deutschland, die digitale Lösungen im 21. Jahrhundert präferieren, immer noch argumentieren müssen, zeigte sich in einer Diskussion Mitte des Jahres 2022. Bei der Umsetzung der EU-Richtlinie über Arbeitsbedingungen bestand der Bundestag am Ende auf einer Lösung, die dafür sorgte, dass die Bedingungen eines Arbeitsverhältnisses schriftlich in Papierform verabredet werden müssen. Eine Textformlösung, die auch digitale Formate umfasst, reicht da nicht aus. In der Diskussion des Gesetzes begründete die Sprecherin von Bündnis 90/Die Grünen die Auffassung der Ampel mit dem Argument, man wolle zwar Digitalisierung, aber »keine Digitalisierung, die einseitig zulasten der Beschäftigten geht. Wir wollen eine Balance: Wir wollen die Digitalisierung vorantreiben und gleichzeitig die Rechte der Beschäftigten stärken; denn beides ist wichtig.« Die Aussage ist richtig, das Beispiel ungünstig gewählt. Oftmals ist eine digitale Lösung viel besser geeignet, Rechte durchzusetzen, da eine Dokumentation oder eine fehlende Dokumentation viel schneller nachweisbar sind.

Wir laufen in einen schleichenden Blackout, weil in unserer Gesellschaft noch viele in den vergangenen Errungenschaften verhaftet sind, die uns einmal dazu gebracht haben, gegenüber dem Staat oder in Privatangelegenheiten immer persönliche Präsenz zu zeigen und alles schriftlich zu sichern. Die Funktionen von Warnen, Authentifizieren und Identifizieren sind weiterhin wichtig. Wenn wir aber unsere Gesellschaft auf dem technischen Stand der Aktendeckel und Hängeregister halten, während in vielen Zusammenhängen digitale Lösungen einen sicheren und zugleich niedrigschwelligeren Zugang ermöglichen, bleiben wir einem eher obrigkeitsstaatlichen Modell verhaftet.

Hier zeigt sich, wie schleichender Blackout in Deutschland geht: Im Verwaltungsverfahrensgesetz – es wird kurz juristisch, aber nicht langweilig, sondern nur kompliziert – ist geregelt, dass das Schriftformerfordernis durch eine digitale Lösung ersetzt werden kann. Dafür muss ein Gremium mit wichtigen Befugnissen, aber ohne große Öffentlichkeit, der IT-Planungsrat, eine entsprechende Regelung treffen. Lassen wir mal beiseite, dass so eine Regelung nicht einfach morgens getroffen wird und nachmittags dann schon eine digitale Lösung für ein Problem der Vergangenheit vorliegt. Hier zeigt sich, dass ein schleichender digitaler Blackout eben auch mit einer Staatskunst zu tun hat, die sehr stark einem veralteten Modell folgt. Wir nennen es den Weg der analogen Digitalisierung, um diesen Widerspruch deutlich zu machen. Der Staat nimmt seinen Aktendeckelprozess und bildet ihn eins-zu-eins im Digitalen ab. Das Schriftformerfordernis muss aufwendig modelliert und digital simuliert werden. Dass durch digitale Lösungen insbesondere das Problem der Authentifizierung in den meisten Vorgängen schon heute sehr einfach gelöst werden kann und in vielen Bereichen vorgeschaltet ist, wird außer Acht gelassen. So ist es bei Bankgeschäften, beispielsweise bevor ich eine Überweisung, tätige oder meinen Antrag bei der Krankenkasse einreiche. Die alte Realität wird digitalisiert, statt sich mit der digitalen Realität zu befassen. Solange solche Regelungen in Deutschland Bestand haben, können wir uns noch so viele Digitalisierungsstrategien geben, wir werden an immer den gleichen Hürden hängenbleiben.

Die Debatte über die Digitalisierung ist eine sehr fachlich geführte. Entscheidungen, die große gesellschaftliche Auswirkungen haben, wie die KI-Verordnung der Europäischen Kommission, werden unter Ausschluss der Öffentlichkeit geführt. Nicht, weil die Öffentlichkeit nicht erwünscht wäre. Das Thema verschließt sich vielen wegen der Komplexitäten in den Prozessen, bei den Beteiligten und wegen der vielen technischen Komponenten, die für die inhaltliche Debatte verschiedener Modelle berücksichtigt werden müssen. Der Weg der Politik ist dann, in Reden über die Herausforderungen der Digitalisierung viele plakative Überschriften oder »Buzzwords« zu bemühen. Demnach müssen wir unter anderem unser »Mindset« in der Verwaltung, in der Wirtschaft und generell in unserer Gesellschaft ändern. Die Bürger:innen werden dann zu Nutzer:innen, oder schlimmer, zu Kund:innen degradiert und dem Souverän in der Demokratie so sprachlich viele Eigenschaften als Citoyen:ne genommen. Gerade im Moment hat das Modewort *Resilienz* Einzug in die Debatte darüber gehalten, wie wir die Digitalisierung uns allen nahebringen können. Dann ist es wichtig, dass wir resiliente Infrastruktur fördern, oder die Digitalisierung selbst wird zum Resilienzfaktor. Wie widerstandsfähig einzelne Bereiche unseres Staates, unserer Wirtschaft oder unseres Zusammenlebens auf die Herausforderungen der Gegenwart reagieren, hat viel damit zu tun, wie wir die Digitalisierung gestalten und nutzen können. Deswegen müssen wir etwas ändern. Unsere acht Punkte sind geeignet, auf die schleichenden Blackouts auf beiden Seiten – zu viel und zu wenig Digitalisierung – so einzuwirken, dass unsere Gesellschaft resilienter ist.

## Was im Fall des digitalen Blackouts getan werden muss

**1.** Am Anfang steht die individuelle Verantwortung. Wir alle brauchen eine Checkliste für den Fall des persönlichen Blackouts. Dabei ist es gut, dass Institutionen wie das BSI diese im Internet zur Verfügung stellen und so wertvolle »Erste-Hilfe-Tipps« geben, falls wir Opfer von Cyberangriffen in welcher Form auch immer werden. Dabei steht immer im Vordergrund, dass wir in einem Dreiklang von Prävention, Detektion und Reaktion agieren. »Um die Umsetzungsbarrieren möglichst gering zu halten, sollten Tipps zum sicheren Umgang mit Onlinediensten sowie internetfähigen Geräten schnell auffindbar, leicht verständlich und gut aufbereitet sein.« Es liegt an uns, dass wir uns mit dem möglichen Fall eines Angriffs auf unsere Daten beschäftigen. Dabei sind wichtige Punkte einfach umzusetzen. Sie reichen von der für uns unbequemen Praxis, unterschiedliche Passwörter für unsere unterschiedlichen Anwendungen zu nutzen, bis zur Frage der Datenredundanzen. Wir müssen akzeptieren, dass Digitalisierung eine eigene Schutzbunkerstrategie erfordert, wie sie im Kalten Krieg notwendig war.

**2.** Wenn wir einen starken Staat in der Digitalisierung für notwendig erachten, darf in der digitalen Moderne das Individuum nicht allein auf sich allein gestellt sein. Wir brauchen auch im Netz und bei den Sicherheitsfragen einen fürsorgenden Staat, darauf hat schon Martin Schallbruch, CEO von govdigital eG, in seiner Analyse des »schwachen Staats im Netz« hingewiesen. Deswegen braucht es Aufklärungs- und Beratungsangebote, und es muss eine Stärkung der Schutzinfrastrukturen geben.

**3.** Im Bereich der IT wird es nie eine hundertprozentige Sicherheit vor Cyberattacken geben. Trotz aller Prävention ist es daher notwendig, sich auch auf Vorfälle einzustellen, sich so gut wie möglich auf diese vorzubereiten sowie im Schadensfall die notwendigen Schritte und Maßnahmen einzuleiten, das heißt, die reaktiven Fähigkeiten zu stärken. Das bedeutet aber auch, dass es keine neuen Digitalisierungsprojekte oder -vorhaben mehr geben darf, ohne dass Informationssicherheit integraler Bestandteil des Projekts beziehungsweise des Vorhabens ist. Alle neuen Projekte müssen bereits bei der Planung anteilig Mittel für die Informationssicherheit berücksichtigen.

**4.** Als Einzelpersonen sind wir aber auch aufgefordert, uns für den Fall zu wappnen, dass der Blackout aufgrund technischer Probleme eintritt. Dabei ist es im Ergebnis egal, ob uns einfach der Strom ausgeht, es einen Angriff auf sensible Knotenpunkte gibt, die zum Beispiel im Rhein-Main-Gebiet beheimatet sind, oder ob es sich um Konsequenzen aus der Zerstörung von Infrastruktur handelt. Wichtig ist, dass wir zu Hause eine Diversifizierung vornehmen. Eine Mischung aus unterschiedlichen technischen Vorsorgemaßnahmen. Dabei geht es zunächst um folgende drei Fragen: Wo sind die Daten gesichert? Gibt es auch örtliche Alternativen, die nicht cloudbasiert sind? Haben wir wichtige Informationen gegebenenfalls analog und digital diversifiziert aufbewahrt? Und in einem zweiten Schritt geht es um die Frage, wie wir in einem Blackoutfall agieren, der zeitlich länger andauert. Auch das kann uns durch Datenerpresser oder durch schlichten Strommangel ereilen. Die Konsequenz ist immer die gleiche: keine Nutzung des Internets, kein Zugriff auf abgelegte Daten. Also gilt es, redundante Strategien zu verfolgen und sich gegebenenfalls beraten zu lassen. Um es noch einmal deutlich zu sagen: Es braucht auch analoge Sicherungen, denn auch eine redundante digitale Kommunikation ist von der Stromversorgung abhängig.

**5.** Verwaltungen – aber auch Unternehmen – müssen sich auf die verschiedenen Digital-Blackoutvorfälle, die wir hier beschrieben haben und die in Deutschland unentdeckt Tag für Tag vorkommen, schon heute vollkommen vorbereiten. Dabei steht eine resiliente Struktur gegen Angriffe aus dem Cyberraum im Mittelpunkt. Vorgaben, wie die des BSI, sind dabei das Mindeste, was man für sich und sein Handeln als Grundlage annehmen muss. Auch wenn es einigen noch immer nicht ausreicht und es auch Schwachstellen gibt, so ist die Orientierung am sogenannten Grundschutz zentral. Aber dafür braucht man ein strategisches Vorgehen. Wir haben gesehen, dass die Digitalisierung des Staates nicht immer strategisch angegangen wird. Dann gibt es zwar staatliche Strategiedokumente, aber diese sind aus vielerlei Gründen nicht ausreichend. Das liegt insbesondere daran, dass hier die Logiken des politischen Wettbewerbs ausgeschaltet werden müssten und man sich in einer Regierung auf gemeinsame Vorgehensweisen verständigen sollte. Im Bereich des Cyberschutzes sollten wir also verabreden, dass nicht jeder etwas macht, sondern dass alle etwas gemeinsam tun. Die gegnerische Seite baut täglich Kompetenz auf, ihre Mitwirkenden sind Legion und die Ziele oftmals auch von anderen nicht freundlichen Staaten formuliert. Wir plädieren nicht für eine martialische »Kriegsstrategie«, sondern für eine wohlformulierte Schutz- und Chancenstrategie.

Wie kann diese aussehen? Nun, die staatlichen Stellen, die die IT-Struktur der öffentlichen Hand bereitstellen, brauchen Strategien, wie sie im Fall eines Angriffs reagieren. Neudeutsch spricht man davon, dass Incident-Response-Routinen aufgebaut werden müssen und klar sein sollte, wie man im Fall der Fälle auf die Taktiken, Technologien und Prozeduren der Bedrohungsakteur:innen am besten reagiert. Es gibt viele Arbeitshilfen, die durch Analyseraster eine Bestandsaufnahme ermöglichen und dann auch Hinweise für eine entsprechende Sicherheitsarchitektur erkennen lassen. Die wichtigen Bereiche sind dabei: das Identifizieren, Schützen, Aufspüren, Antworten und Wiederherstellen. Wenn sich Verwaltungen in diesen Bereichen aufstellen – das gilt auch für Unternehmen –, dann können Prozesse so ausgestaltet sein, dass die Menschen wissen, was im Fall der Fälle zu tun ist, und die Verantwortlichen können insbesondere Präventionsmaßnahmen treffen. Darauf muss ein großer Schwerpunkt liegen.

Im Bereich der Identifizierung von potenziellen Schwachstellen bedarf es neben einem gründlichen Asset-Management einer gründlichen Dokumentation. Auch wenn es für alle Beteiligten mitunter unangenehm ist, weil geschützte IT ein aufwendiges Passwort- und Schutzsystem erfordert, sollte man eine sogenannte »Schatten-IT« verhindern – also Server abschalten, die nicht innerhalb des Sicherheitskonzepts betrieben werden, sondern frei und ungesichert »unterm Tisch« im Büro stehen. Ein Problem, mit dem nicht nur der Kreis Anhalt-Bitterfeld umgehen musste.

Eine gute Sicherheitsarchitektur wird von dem Betreibenden selbst regelmäßig unter Stress gesetzt. Also: Audits durchführen und die kritische Infrastruktur testen, testen und testen. Das kann durch Schwachstellentracking und Penetrationstests erfolgen.

Unterschätzt wird das ein oder andere Mal auch der Aufbau einer eigenen Risikostruktur: Wie sieht meine Wertschöpfungskette aus, kann ich durch Aufbau von Registern die Vorgehensweisen der Gegner systematisiert erfassen und darauf aufbauend Maßnahmen ergreifen – das sind dann zentrale Fragen für die eigene Sicherheitsstruktur.

Wie wichtig es ist, in allen Belangen der IT-Sicherheit zu berücksichtigen, wie lang es dauert, bis ich Systeme wiederhergestellt habe, zeigt sich bei allen öffentlich diskutierten Fällen. Es dauert Wochen, Monate oder sogar Jahre, wenn in diesem Bereich keine Schutzmaßnahmen vorhanden waren. Das BSI formuliert Strategien für eine höchstmögliche Netzwerk- und Workstationsicherheit. Manchmal wird – wie beim Rhein-Pfalz-Kreis – durch beherztes Eingreifen von Mitarbeitenden weiterer Datenabfluss verhindert. Doch ist ein zufälliges Server-Runterfahren keine ausgefeilte Sicherheitsstrategie. Es bedarf also des Aufbaus von Strukturen, um ungewollten Datenabfluss systematisch zu erkennen und dann auch verhindern zu können.

Wir plädieren dafür, dass es auf der staatlichen Seite ebenenübergreifende Cyberreaktionsübungen gibt. Natürlich ist es wichtig, dass die gesamte Katastrophenschutzverwaltung sich damit in einer zentralen Übung beschäftigt. Warum aber haben wir keine jährlichen Übungen der IT-Dienstleister der öffentlichen Hand? Natürlich ist es dann schwer, wenn einem andere über die Schulter schauen, eigene Fehlerstrukturen ohne Gesichtsverlust gegenüber den Kolleg:innen zu beseitigen. Aber wir brauchen auch hier eine neue Fehlerkultur. Es kann uns alle treffen, wir sitzen auch alle im selben Boot: Daher können wir in einer jährlichen Detektionsübung alle gemeinsam lernen und die öffentliche Hand resilienter machen.

»IT-Sicherheit ist Chef:innensache«, »IT-Sicherheit ist eine Voraussetzung der Digitalisierung« et cetera – die Theorie ist bekannt. In der Praxis zeigt sich jedoch nach wie vor überwiegend das Gegenteil: IT-Sicherheit wird weit »nach unten« delegiert, bis sich niemand mehr dafür zuständig sieht; IT-Sicherheitsbeauftragte sind nicht vorhanden oder nur förmlich bestellt, ohne tatsächlich Arbeitszeit dafür zu erhalten; für IT-Sicherheit ist aus Gründen des IT-Betriebs keine Zeit; die finanziellen Ressourcen sind für die Entwicklung und den IT-Betrieb von Fachverfahren bereits aufgebraucht. Wenn in Sicherheitskreisen über die richtigen Antworten gesprochen wird, dann hört man schnell ein paar Abkürzungen. Dann heißt es SIEM, MIRT, WID und so weiter. Hier müssen wir für alle Bediensteten einfache und verständliche Notfallnummern implementieren.

Sich auf Vorfälle vorbereiten und Hilfe bereitstellen: Angesichts neuer Bedrohung durch Cyberangriffe und vor dem Hintergrund der verstärkten IT-Kooperation zwischen Bund, Ländern und Kommunen muss die kommunale Ebene bei der Abwehr von Cyberangriffen auf kommunale Dienste und Infrastrukturen weiter gestärkt werden. Bei einem Angriff sollten sich alle betroffenen Stellen bewusst sein, dass sie dann sehr schnell im Fokus des öffentlichen Interesses stehen werden. Damit das alles im Bewusstsein bleibt, müssen wir gemeinsam vor allem eines tun: üben, üben, üben, um die Resilienz der jeweiligen Organisationen und damit auch unserer Gesellschaft zu stärken.

## Wir brauchen ein Notfallprogramm gegen zu wenig Digitalisierung

**1.** Auch hier beginnen wir wieder auf der individuellen Ebene: Wir müssen eine persönliche Strategie zur Datensicherung entwickeln. Natürlich erfordert in der digitalen Moderne eine Rüstung für den Notfall auch eigene Strukturen, die wir zu Hause, für uns und unsere Familien klären müssen. Wir brauchen individuelle Backupstrategien. Die am weitesten verbreitete ist die sogenannte »3-2-1-Backupstrategie«. Das bedeutet, wir sollten von unseren Daten regelmäßig drei Kopien machen und diese auf zwei verschiedenen Formen von Speichermedien sichern. Eine Kopie der Daten sollte an einen externen Standort geschickt werden. In Ergänzung dazu sollte von den wichtigsten Unterlagen eine »Handakte« vorhanden sein, und auch die wichtigsten Adressen und Kontaktdaten sollten analog vorgehalten werden. Das mag zu Unkenrufen führen, dass man jetzt das Internet ausdrucken sollte, es ist aber eine wertvolle Ergänzung, sollte man persönlich betroffen sein. Wir müssen mit der für uns und unsere Gesellschaft neue Lage umgehen, dass es keine absolute Sicherheit geben kann. Es geht darum, gut auf die neuen Herausforderungen reagieren zu können und selbst entsprechende Vorkehrungen auch für den Fall der persönlichen Betroffenheit zu treffen.

**2.** Die modernen digitalen Gesellschaften gehen an vielen Orten viel zu lax mit ihren Schätzen um. Hütete man in früheren Zeiten Geld und Gold an geschützten Geheimverstecken, so legt man mitunter sein Innerstes für alle sichtbar offen ins Internet. Vorlieben werden gepostet, Passwörter nur mäßig geheim abgespeichert und vor allem werden persönliche Daten sehr oft gegen gute Dienstleistungen der Big-Data-Unternehmen »eingetauscht«. Wir bewegen uns heute in einem Netz, das vor allem von Plattformen dominiert wird, die möglichst effizient möglichst viel von unserer Aufmerksamkeit und Lebenszeit mit Werbung und bezahlter Propaganda beanspruchen wollen.

**3.** Mit Blick auf das Jahr 2026, wenn die Möglichkeiten, die beliebten Microsoft-Office-Pakete käuflich und nicht als Abo in der Cloud zu erwerben, auslaufen, wird für viele Benutzer:innen klar werden: Ihre Dateien liegen ab dann zwar bei befreundeten Partner:innen – aber in den USA. Die dortigen Anbieter müssen nach der US-Gesetzeslage Geheimdiensten und Behörden bei Bedarf einen freien Zugang zu den Kundendateien ermöglichen. Das bedeutet im Gegenzug, entweder Anbieter in Europa zu nutzen, was einen gewissen Aufwand verursacht, oder aber sich mit der Verschlüsselung seiner Daten zu beschäftigen. Zudem braucht es ein gutes Passwortmanagement.

**4.** Flexibles, mobiles und damit zukunftsorientiertes Arbeiten ist nur mittels Cloudlösungen möglich. Um dies auch unter den Aspekten der Daten- und Informationssicherheit gewährleisten zu können, ist der zügige Aufbau einer souveränen Verwaltungscloud unerlässlich. Dabei sind klare Standards zu definieren, um neben eigenen öffentlich-rechtlichen Lösungen auch private Anbieter bei der Lösungsfindung einbinden zu können. Hyperscaler – große Cloud-Service-Anbieter – können dabei unter den definierten Standards eingebunden werden, wenn sie von den Public Clouds getrennte Lösungen anbieten. Souverän sind wir dann einerseits dadurch, dass Verwaltungen Leistungen von unterschiedlichen Anbietern beziehen, andererseits durch die wiederhergestellte Eigenleistungsfähigkeit des Staates, der im Notfall oder bei einer neuen Ausschreibung seine Daten schnell und sicher eigenständig »umziehen« kann.

**5.** Für kommende Gesetzesentwürfe der Regierung muss deren »Digitalisierungsfähigkeit« vorgeschrieben werden. Auf der Verwaltungsebene sollte man sich an den Regelungen der dänischen Regierung orientieren: Schon dann, wenn ein Gesetz noch in der Phase des Referentenentwurfs steckt, werden die unterschiedlichen Expertisen – Vollzugs-, Digital- und Prozessexpertise – zusammengeführt. So wird der Regelungsgehalt im frühen Stadium der Gesetzesentstehung nicht nur im Rahmen eines »Checks« auf seine »Digitalisierungstauglichkeit« überprüft, sondern die entsprechenden Regelungen werden direkt im frühen Stadium »digital gedacht« und eingebaut. Die modernen Digitalisierungstechnologien ermöglichen es, nahezu den gesamten Rahmen für den Vollzug zentral zu organisieren. Nutzt man dafür moderne, einheitliche Plattformen, hat man eine digitalisierte Ende-zu-Ende-Abwicklung. Dafür muss die Bundesregierung eine zentrale Anlaufstelle »Digital- und Prozessexpertise« schaffen, auf die die Fachressorts verbindlich zurückgreifen können und müssen. Dadurch wird sichergestellt, dass in Zukunft Verwaltungsverfahren vom Anfang bis zum Ende digital abgebildet, für alle zeitgleich kommuniziert und alle ebenenübergreifend umgesetzt werden. Dann hat Deutschland endlich nicht nur einen Onlinezugang, sondern eine digital arbeitende Verwaltung.

**6.** Aus unserer manchmal verhindernden Verwaltungspraxis wird eine gestaltende Digitalisierungspraxis dadurch, dass in einem Digitalisierungsermöglichungsgesetz klar geregelt ist: Alle Schriftformerfordernisse laufen pauschal Ende des Jahres 2024 aus, wenn sie nicht explizit durch ein Gesetz bestätigt werden. Mithilfe des oben beschriebenen »Digitalisierungschecks« wird dann bei einer Neufassung überall geprüft, wie Anträge über Onlinebürgerkonten und Unternehmenskonten die Schriftform ersetzen können.

Gleichzeitig müssen wir den Schwung der laufenden Standardisierung im Bereich der IT nutzen und weitere Schritte bei der Harmonisierung von Rechtsbegriffen machen. In der Verwaltung werden einige Grundbegriffe je nach Verwaltungsvorgang anders definiert. Dann werden Vermögen, Einkommen oder der Familienstatus unterschiedlich behandelt. Wir brauchen dafür schnell eine umfassende Analyse und die Verabredung eines Harmonisierungsfahrplans im IT-Planungsrat. Sonst steht die Umsetzung des »Once-only«-Prinzips nur auf dem Papier. Das gemeinsame Vorhaben, über das Land Bremen einen einheitlichen Einkommensbegriff zu entwickeln, ist dabei Vorbild. Weiterhin muss die E-Zustellung von geschäftlichen Vorgängen auch für Firmen und Organisationen verbindlich werden. Das alles entfaltet seine Wirksamkeit aber nur, wenn Deutschland endlich ein etabliertes Verfahren zur digitalen Identität anbieten kann. Dafür muss die eID des Personalausweises weiterentwickelt werden zu einer Art umfassender digitaler Identität, die es möglich macht, sich in einfacher Weise und datenschutzkonform im Netz gegenüber Behörden oder sonstigen Partner:innen auszuweisen.

**7.** Der Chef des IT-Dienstleisters AKDB, Rudolf Schleyer, beschreibt es treffend, wenn er feststellt, dass es naiv sei, die digitale Zukunft in die Hand einiger weniger Digitalpolitiker:innen zu legen. Um die Herausforderungen zu meistern brauche es »eine gemeinsame politische von allen Ressortministern und den Regierungschefs getragene, konsequente und mutige Digitalisierungsagenda« (Schleyer 2022: 18). Ohne den Willen der Fachverantwortlichen in allen Ministerien schaffen wir das in Deutschland nicht. Daran würde auch ein Digitalisierungsministerium nichts ändern. Dazu gehört auch, das Angebot des Bundesdatenschutzbeauftragten Uli Kelber (2023) anzunehmen, der ein »Bündnis für schnelle Digitalisierung« angeregt hat, um den vermeintlichen Gegensatz zwischen schneller Digitalisierung und dem Datenschutz aufzulösen.

## Nicht jedem Trend hinterherrennen, sondern kompetent entscheiden

**1.** Die Buzzworddichte in der Digitalisierung schreitet ständig voran. Quantencomputing, KI und Blockchain werden mittlerweile ergänzt durch Kryptowährungen (auch »was mit Blockchain«), Metaverse und Web3. Da aber das Leben, Spielen und auch Arbeiten durch neue Technologien wie Virtual Reality- und Augmented-Reality-Technik nachhaltig verändert werden kann, müssen wir den Bereich der digitalen Kompetenzen stärken. Sinnvolle Einrichtungen wie der Digitaltag reichen natürlich nicht dafür aus. Wenn sich Web3 und Metaverse durchsetzen, werden wir zu einem Mit- und Nebeneinander von virtueller Welt, erweiterter Realität und physischer Welt kommen. Dafür müssen wir alle gerüstet sein. Kompetenzbildung und »Alphabetisierung des Digitalen« muss ganz oben stehen, sonst geraten wir erneut in Abhängigkeiten, nur diesmal im Privaten, und wir verlieren unsere Eigenschaften als mündige Bürger:innen. Die Aufgabe ist groß, denn nur wenige können die Trends der Zukunft heute beschreiben, geschweige denn durchdringen. Anna-Lena Hosenfeld, Geschäftsführerin von »Digital für alle« hat recht, wenn sie fordert, »Digitalkompetenzen im Land endlich gezielt fördern, um alle Menschen fit für den Alltag in einer zunehmend digitalisierten Welt zu machen. Diese Offensive muss in allen Teilen der Gesellschaft ansetzen: in Kindergärten und Schulen, in der Ausbildung und im Studium sowie in der Erwachsenenbildung.« Dafür brauchen wir einen Pakt für digitale Kompetenzen in Deutschland.

**2.** Auch für Deutschland gilt, dass eine ungesteuerte Digitalisierung die gesellschaftliche Polarisierung weiter verschärfen kann. Die in diesem Buch beschriebenen Trends für die Wirtschaft werden erheblichen Einfluss auf die Veränderung der Tätigkeiten und auf die Struktur von Branchen und Unternehmen haben. Erschwerend kommt hinzu, dass im Moment vieles dafürspricht, dass sich die starke Entwicklung der deutschen Wirtschaft nicht ohne Weiteres fortschreiben lässt. Strukturelle Investitions- und Innovationsprobleme sind offensichtlich und werden durch die aktuellen Krisen im Umfeld des Kriegs gegen die Ukraine beschleunigt. Und es gibt weitere große Probleme: Arbeitskräftemangel ist vielerorts zu befürchten, und gleichzeitig entstehen neue Ausbildungs- und Qualifizierungsbedarfe. Daneben müssen wir uns auch mit neuen Formen der Leistungs- und Verhaltenskontrolle befassen und darüber eine ethische Diskussion führen. Unsere Ansätze mit einer evolutionären Vorstellung von Wandel und Veränderung unterscheiden sich erkennbar von der in den USA dominierenden Debatte. Wie Wolfgang Schroeder (2018: 22) treffend bemerkt, wird bei Letzterer »vor allem die disruptive Dimension der Digitalisierung (betont) und deren Potenzial, bestehende Produktions- und Geschäftsmodelle zu verdrängen. Der deutsche Diskurs sieht dagegen eher weitere Optimierungsinstrumente bei ohnehin schon länger praktizierten Prozessen der Produktions- und Produktoptimierungen.« Der deutsche, eher als evolutionär zu bezeichnende Ansatz setzt auf korporatistische und zivilgesellschaftliche Kooperation zur Verhinderung gesellschaftlicher Polarisierung. Konkret sieht man die Notwendigkeit dafür beim Einsatz von Künstlicher Intelligenz. Neben den Kosten für die grundsätzliche Nutzung muss die KI in der Regel auf die Anwendungsfälle im Unternehmen trainiert werden. Insbesondere in Deutschland, das stark vom Mittelstand geprägt ist, spielt das eine wichtige Rolle, denn gerade kleinere Unternehmen verfügen häufig nicht über die erforderlichen Datenmengen und die erforderliche Datenqualität, die für einen sinnvollen Einsatz von KI erforderlich wären. Hier bietet sich an, zu KI-Kooperationen zwischen Unternehmen zu kommen und datenschutzkonform gemeinsame KI-Entwicklungen einzusetzen.

**3.** Die Marktmacht der Digitalunternehmen muss begrenzt werden. Gleichzeitig halten wir Utopien, wie einen völlig losgelösten Staat, der die Digitalisierung komplett alleine übernimmt, nicht für realistisch und auch nicht für erstrebenswert. Wir müssen Maßnahmen ergreifen, um den Staat resilient zu machen und seine Eigenwirksamkeit zu stärken. Deswegen – darauf verweist der Medienphilosoph Robert Simanowski (2022) zurecht – sind Modelle von Datensteuern und effektiver Regulierung sinnvoller, als Überlegungen, große Unternehmen zu zerschlagen, was langwierig und rechtlich nur schwer durchzusetzen wären. So würde die Wertschöpfung aus den Daten der Bürger:innen vergesellschaftet, nicht privatisiert, und eine Gesellschaft der Datensouveränität geschaffen werden. Unsere Datenschätze hätten einen Preis.

**4.** Wir brauchen »digital first« und für die Verwaltung auch »digital only« (mit allen rechtlichen Änderungen, die das mit sich bringt). Für Unternehmensleistungen sieht das OZG-Änderungsgesetz eine »Digital-only«-Regelung nach fünf Jahren vor. Für alle anderen Leistungen sollte schnell ein Rechtsanspruch auf digitale Abwicklung der Verwaltungsverfahren auf den Weg gebracht werden, um den »Digital-first«-Ansatz zu verankern. Wir brauchen aber auch das Recht auf analoge Zugänge zur staatlichen Verwaltung. Das bedeutet, die Digitalanstrengungen zu beschleunigen: Wenn die Verwaltungsprozesse intern digitalisiert und zum Teil auch automatisiert oder teilautomatisiert sind, schafft dies Freiräume, die die Menschen positiv wahrnehmen und nutzen können, sei es als Verwaltungsmitarbeiter:innen oder als Bürger:innen. Dann kann die Verwaltung ihre Dienstleistungen in innovativer Form auch bürger:innennäher anbieten: etwa mobil oder in Supermärkten. Beispielsweise in Bremen werden solche Angebote entwickelt. Das Ziel: Eine Verwaltung »vor Ort« und nahbar. Mit dem Modellprojekt »Modernes Bürgerbüro« setzen Bundesinnenministerium, das rheinland-pfälzische Digitalisierungsministerium und die Stadt Trier ein Vorhaben um, das beides miteinander vereint: Eine starke Digitalisierung der Verwaltung führt zu einer gestärkten und erreichbaren Verwaltung in einem modernen Bürger:innenamt. Die Verwaltung der Zukunft ist digital und analog.

**5.** Das gilt auch für den Arbeitgeber Staat. Bei allen Vorteilen der Digitalisierung darf nicht das Bewusstsein fehlen, dass »neues« Arbeiten auch mit manchen Schattenseiten behaftet ist: fehlende persönliche Kontakte, verschwommene Grenzen zwischen Job und Freizeit, woraus sogar gesundheitliche Folgen resultieren können. Hierauf müssen wir mit Qualifizierungen und neuen Befähigungsstrukturen reagieren.

Doch es gibt noch andere Probleme, über die wir sprechen müssen: Arbeitnehmer:innenrechte sind zu sichern. Hier muss Politik die Mitbestimmung »digitalisieren«. Denn dort, wo das Leben digital ist, existiert die Gefahr, dass Menschen vereinzeln und vereinsamen. Durch einen regelmäßigen Einsamkeitsbericht könnte die Politik hier das Bewusstsein schärfen.

**6.** Wir zielen auf eine Zentralisierung der staatlichen Digitalisierung: eine Plattform, die Government-as-a-Service-Lösungen anbietet, welche nicht mehrfach neu entwickelt werden müssen und die dafür sorgt, dass solche Lösungen möglichst nahtlos ineinandergreifen. Dabei sollte ein weiteres Ziel die übergeordnete Zusammenarbeit von Bund, Ländern und Kommunen sein (»Dresdner Erklärung«), damit eine souveräne, eigene IT-Infrastruktur entsteht, die den Staat unabhängig von Drittanbietern macht.

**7.** Wenn wir digitale Transformation endlich als Organisationsprojekt des Staates begreifen, können wir die Entbürokratisierung beschleunigen. Neben »digital first« sollten wir »Entbürokratisierung first« verankern. Für staatliche Digitalprojekte sollte gelten: Erst prüfen, ob ein Verfahren oder ein Prozess nicht einfach wegfallen kann. Erst dann folgt die Frage, wie man die entsprechenden Vorhaben optimieren und entsprechend digitalisieren kann. Der moderne digitale Staat versucht dann staatliche Leistungen entweder ohne Antrag oder ohne aufwendige Nachweiserbringung bewilligen zu können.

## Digitalisierung heißt, vieles anders zu machen

**1.** Der digitale Staat braucht digital souveräne Bürger:innen, die seine digitalen Angebote nutzen. Neben der Qualität und der Verfügbarkeit der digitalen Dienste ist daher auch die digitale Kompetenz eine entscheidende Voraussetzung für die Akzeptanz der Verwaltungsdigitalisierung. Dabei stellen wir fest, dass die Digitalisierungsdynamik längst nicht alle gesellschaftlichen Bereiche erreicht hat. Digitale Kompetenz muss also vor allem in der Breite der Gesellschaft vermittelt werden – im Bereich der Alphabetisierung und Grundbildung, aber auch durch Programme und ehrenamtliche Digitalbotschafter:innen, die sich mit ihren Angeboten an Menschen richten, die nicht mehr im Erwerbsleben stehen.

**2.** Soll der digitale Wandel nicht nur in einigen wenigen Leuchtturmregionen, sondern überall und flächendeckend gelingen, müssen wir Digitalisierungskompetenzen auf allen staatlichen Ebenen aufbauen. Das ist die Hauptaufgabe, wenn wir das neue Leitbild des digitalen Staates mit Leben füllen wollen. Dabei ist es wichtig, Digitalisierungskompetenz als Veränderungskompetenz einer Organisation zu begreifen. Diese sollte neben der Implementierung von IT-Lösungen auch die Veränderung von Verwaltungsabläufen und die Verbesserung der Servicequalität einschließen, ferner die effiziente Steuerung von abteilungsübergreifenden Projekten, die Einführung neuer Arbeitsweisen und schließlich die Qualifizierung der Mitarbeitenden. Dabei steht alles unter dem Vorbehalt, dass sich diese Prozesse noch über einige Jahre entwickeln werden. Dabei wäre zu überlegen, diejenigen innerhalb der Verwaltungen einzubeziehen, die seit Jahren auf digitale Zusammenarbeit setzen, denen dieses Thema wichtig ist, die schon Netzwerke innerhalb der Verwaltungen aufgebaut haben und immer wieder versuchen, Kolleg:innen mitzureißen. Wir können heute davon ausgehen, dass sich in den einzelnen Verwaltungen etwa 5 bis 10 Prozent der Beschäftigten dieser Gruppe zugehörig fühlen. Diese Kraft zu bündeln und zusammenzubringen könnte dazu beitragen, die Verwaltungsmodernisierung von innen zu beschleunigen und die Akzeptanz innerhalb der Belegschaft deutlich zu erhöhen. Dadurch wird Digitalisierung auch weiblicher, denn es ist unsere Erfahrung, dass Frauen an vielen Stellen die Antreiberinnen der Verwaltungsmodernisierung sind.

Laut einer Studie der McKinsey & Company werden 140.000 IT-Kräfte in der deutschen Verwaltung fehlen. Das ist eine beachtliche Zahl. Die Verquickung von Digitalisierungsstau und vielen Babyboomern, die bald in Pension gehen werden, macht das Problem komplex und groß. Dennoch kann die Zahl in zweierlei Hinsicht hinterfragt werden:

Zum einen könnten die genannten 5 bis 10 Prozent »Digital-Beschäftigter« an Führungs- und Schlüsselpositionen in den jeweiligen Behörden platziert werden, um die Belegschaft mitnehmen. Zum anderen könnte, gerade wenn ein Mangel besteht, Digitalisierung die personelle Lücke schließen.

Sollte zum Beispiel die Plattform »Government as a Service« als Standard durchsetzen, wären viele Tätigkeiten, die aktuell ständig doppelt und dreifach ausgeführt werden müssen, überflüssig.

**3.** Digitalisierung ist kein Selbstzweck. Sie gibt uns die Freiheit, Verwaltung aus der Perspektive der Bürgerinnen und Bürger zu sehen und neu darüber nachzudenken. Weg vom Silodenken, hin zu Leitideen der digitalen Transformation. Daher gewinnen Agilität und Kooperation, Vernetzung und Nutzerorientierung zunehmend an Bedeutung. Diese Kompetenzen müssen neben den IT-Lösungen selbst besonders berücksichtigt werden. Im Zentrum stehen die Verbesserung von Verwaltungsabläufen und die Verbesserung der Servicequalität, die effiziente Steuerung von abteilungsübergreifenden Projekten, die Einführung neuer Arbeitsweisen und die Qualifizierung der Mitarbeitenden. Für einen echten Systemwechsel in den Verwaltungen müssen ihre Führungskräfte zu Treibern des digitalen Kulturwandels werden. Anhand vieler Beispiele aus Deutschland kann bestätigt werden, dass Führungskräfte einen besonderen Einfluss auf die Digitalisierung von Prozessen haben. Eine Ausbildung, die digitaltechnische Komponenten in den Blick nimmt, wäre daher der richtige Weg. Mit kommunalen Digitalisierungsbeauftragten und OZG-Verantwortlichen sind in vielen Kommunen bereits wichtige Voraussetzungen dafür geschaffen worden. Auch die Digitalakademie des Bundes, der eGov-Campus für die Verwaltungen von Bund und Ländern oder der Kommunalcampus bieten bereits erste Angebote, die wir weiter ausbauen und um Qualifizierungsangebote in der Breite ergänzen müssen.

**4.** Die Digitalisierung in Deutschland scheitert übrigens nicht der Unfähigkeit der Verantwortlichen. Das soll kein »Blaming« oder »Othering« sein, sondern einen Hinweis darauf geben, wo wirklich die Mauern stehen, an denen der digitale Erfolg in Deutschland so regelmäßig zerschellt. »In den allermeisten Fällen lassen sich die Digitalisierungsdefizite der deutschen Verwaltung nicht durch die Fachschaft der Digitalpolitiker oder gar die Digitalisierungsexperten bei IT-Dienstleistern und in den Verwaltungen lösen, sondern zuvorderst von den Fachpolitikern und Fachressorts.« Das ist eine zentrale Erkenntnis, die der Chef des IT-Dienstleisters AKDB, Rudolf Schleyer (2022: 18), treffend formuliert hat. Wir werden die Hürden für mehr Digitalisierung nur dann aus dem Weg räumen, wenn auch an anderen Stellen ein Kulturwandel erfolgt. Dafür zu werben, ist die große Aufgabe der Digitalisierungscommunity. Wir sind überzeugt, dass ein großer Hemmschuh bei der Bewältigung des Fachkräftemangels im öffentlichen Sektor in dieser Strukturverkrustung liegt. Wenn wir zusammen eine Arbeitsweise etablieren, die das Digitale positiv sieht und wertet, werden sich auch mehr Menschen für eine sinnerfüllende Arbeit im Staatsdienst begeistern.

**5.** Smarte Städte und Regionen nutzen die Digitalisierung bereits heute, um öffentliche Verwaltungen effizient und bürgerfreundlich aufzustellen, Verwaltungshandeln transparent zu machen und Bürgerinnen und Bürger an politischen Entscheidungsprozessen zu beteiligen. Im Sinne einer integrierten Kommunalentwicklung verbinden smarte Verwaltungen Nachhaltigkeit und Digitalisierung und setzen Big Data und Datenanalyse zur Verbesserung der Mobilität, der Versorgung und der Ressourceneffizienz ein. Um diese Entwicklung zu stärken, brauchen wir eine bessere Datenbereitstellung und einen einfacheren Datenzugang. Dabei sind wir keine Anhänger eines naiven »Wir-müssen-alle-Daten-transparent-machen«. Die Sorge der Menschen hinsichtlich ihrer Datensicherheit verpflichtet staatliche Stellen noch einmal ganz besonders zur Sorgfalt. Gleichzeitig müssen wir aber durch Open-Data-Strategien endlich die Potenziale für Innovation, Forschung und Wissenschaft freilegen. Dazu braucht man einen Paradigmenwechsel, wie ihn Julian Nida-Rümelin (2021: 80f.) beschreibt, »der die digitale, wissenschaftliche und technologische Auswertung von großen Datenbeständen (in der Medizin, in den Sozialwissenschaften, für Smart Cities und so weiter) ermöglicht und zugleich die Selbstbestimmungsrechte des Einzelnen stärkt«. Im Gesundheitsbereich wird dazu seit dem Jahr 2023 eine zentrale Datenzugangs- und Koordinierungsstelle aufgebaut, mit der Forschungsdaten, die beispielsweise im Krebsregister oder bei den Krankenkassen vorhanden sind, anonymisiert zugänglich gemacht werden.

**6.** Die Digitalisierung bietet Chancen, inklusive Angebote zu machen. Deswegen ist es wichtig, dass mit der Fortschreibung des Onlinezugangsgesetzes sicher ist, dass es einen barrierefreien Zugang zu digitalen Verwaltungsleistungen geben muss. Doch da darf es nicht enden. Die technischen Möglichkeiten müssen in allen Bereichen dafür genutzt werden, echte Teilhabe zu ermöglichen und Hürden, die heute noch bestehen, niederzureißen. Gleichzeitig ist es wichtig, dass in Deutschland aktuell eine Struktur von Marktüberwachungsstellen aufgebaut wird, damit durch verfehlte Digitalisierung nicht neue Hürden und Barrieren errichtet werden. Um Barrierefreiheit zu erreichen, hat die Bundesregierung unter Federführung des Bundesarbeitsministers Hubertus Heil eine umfassende Bundesinitiative beschlossen. Im Bereich der Digitalisierung hält die Bundesregierung fest, dass »Menschen mit Behinderungen [...] bei der Entwicklung von IT-Projekten des Bundes beteiligt werden« (BMAS 2022: 6). Auch hier zeigt sich, dass eine gestaltende Digitalisierungspolitik die Einbeziehung der Zivilgesellschaft benötigt, und es ist wichtig, dass sich die Bundesregierung bei der Umsetzung des OZG an den Digitallaboren orientiert (BMAS 2022: 6).

**7.** Wenn wir den hier beschriebenen Weg gehen, muss uns aber auch klar sein, was daraus folgt. Es werden noch mehr gesellschaftliche, politische und staatliche Aktivitäten ins Netz verlagert werden. So entsteht eine große Inklusionsaufgabe: Sonst wird, wer nicht mitmachen kann, abgehängt. Wir haben gesehen, dass digitale Ungleichheit oft mit anderen gesellschaftlichen Herausforderungen einhergeht. Digitale Inklusion bedeutet, dass alle Menschen an der digitalen Welt teilhaben und daraus einen Nutzen ziehen können. Dieser Weg ist weit, und wir müssen endlich losgehen. Weder Geschlecht, soziale oder ökonomische Voraussetzungen noch besondere Lernbedürfnisse dürfen dazu führen, dass ein Mensch seine Potenziale nicht entwickeln kann. Wir sehen dies an einem aktuellen Beispiel: Sozial benachteiligte Menschen machen oft negative Erfahrungen bei der Anmeldung von KiTa-Plätzen. In einer Studie des Bundesinstituts für Bevölkerungsforschung (BiB) zeigte sich, dass die KiTa-Teilnahmequote stieg, sobald es Unterstützung im bürokratischen, digitalen Bewerbungsprozess gab.

**8.** Wir sollten uns von der Idee der Einzelfallentscheidungen verabschieden. Besonders der Sozialstaat will zu jeder Zeit jeder Person zur richtigen Zeit helfen und diese unterstützen. Oft endet dies dann in seitenlangen Formularanträgen, weil jede noch so oberflächlich in Erwägung gezogene Möglichkeit abgebildet sein muss. Demnach sollten wir die Digitalisierung zum Anlass nehmen, die Prozesse selbst einmal zu überdenken und möglicherweise auch Anträge zu formulieren, die nicht jede erdenkliche Situation und Einzellösung abdecken.

**9.** Es muss substanziell darüber nachgedacht werden, wie politische Entscheidungen getroffen werden und in welcher Komplexität. Denn es ist nicht zwingend die Verwaltung, die träge, langsam und kompliziert ist. Vielmehr muss auch auf die politischen Entscheidungsträger:innen geschaut werden. Forscher haben in Italien herausgefunden, dass die Gesetze in den letzten 30 Jahren stetig komplexer wurden. Dies wurde als Hinweis darauf gedeutet, dass Gesetze oft unter Stress und Zeitmangel entstanden, da neu gewählte Regierungen immer wieder neue Gesetze oder Reformen angekündigt haben. Es ist also nicht nur wichtig, auf »die« Verwaltung zu schauen. Der Staat besteht aus verschiedenen Säulen. Dahinter sollten sich Entscheider:innen nicht verstecken, sondern Entscheidungen treffen, die den aktuellen Stand der Gesetzgebung berücksichtigen.

**10.** Wir benötigen eine strukturell gut aufgestellte Verwaltung mit klaren Zuordnungen. Angesichts dessen sollte man sich von neuen Ministerien, Agenturen oder Hubs verabschieden. Die existierenden Initiativen sind in der Lage, die Umsetzung zu tragen. Neue Strukturen sollten nicht aufgebaut werden, da sie im Zweifel neben- und nicht miteinander agieren. Demzufolge sollte ein Monitoring der bisher gegründeten Initiativen erfolgen, um den Erfolg zu messen und gegebenenfalls weiter zu unterstützen oder umzustrukturieren.

**11.** Wir müssen im Auge behalten, dass Digitalisierung auch gravierende ökologische Folgen haben und Rebound-Effekte auslösen kann. Gleichwohl kann sie zur nachhaltigen Gestaltung unserer Gesellschaft beitragen und selbst klimafreundlich werden (Ballweber 2022: 12). Mit Bezug auf den Bericht einer Forscher:innengruppe der TU Berlin und des Einstein Center for Digital Future nennt Jana Ballweber (2022: 12) einige der Möglichkeiten: Durch digitale Simulationen kann die Energieeffizienz von Gebäuden erhöht werden, vernetzte Heizsysteme können energie sparen und Energiearmut reduzieren. Mit digitalen Tools lassen sich zugleich die Planungen zur Flächenreduktion verbessern.

## Die Weisheit der vielen nutzen

**1.** Alle Entwicklungsplattformen der deutschen Verwaltung müssen künftig offen und diskriminierungsfrei zugänglich sein, sodass externe Entwickler:innen diesen Plattformen ihre Dienste anbieten können. Eigenentwicklungen sollten möglichst nur noch als Open Source beauftragt werden. Dafür steht mit OpenCODE eine Open-Source-Austauschplattform zur Verfügung, auf die der Staat auch eigene Produkte einstellt, um der Community die Überprüfung und Weiterentwicklung zu ermöglichen. Es gibt viele unbegründete Vorurteile gegen Open Source. Gleichzeitig muss aber auch die Marktkonzentration in diesem Segment beobachtet werden. Die besten Open-Source-Lösungen werden über kurz oder lang von den großen Tech-Unternehmen aufgekauft. Wenn wir nicht aufpassen, führt dieser Weg dann genau zu dem, was ja eigentlich verhindert werden soll: einem Lock-in-Effekt, also einer verhängnisvollen Abhängigkeit von privaten Anbietern.
**2.** Wir brauchen eine Gesetzgebung, die auch die Leistungsfähigkeit der Verwaltung vor Ort realistisch beschreibt. Was hilft es uns, die tollsten und komplexesten Regeln auf den Weg zu bringen, wenn sie einfach nicht umsetzbar sind?
**3.** Wir brauchen eine neue Kooperation zwischen dem deutschen Mittelstand und der digitalen Start-up-Szene. Nur so können lässt sich das Problem auflösen, dass viele Unternehmen mit starken Marktpotenzia-

len nur ein mangelhaftes Tech-Know-how aufweisen oder kaum auf Erfahrungen im Einsatz innovativer Technologien wie KI oder Blockchain zurückgreifen können. Für ein kooperatives Ökosystem aus etablierten Unternehmen und digitalen Start-ups müssen wir in Deutschland vor allem dahin kommen, dass Unternehmen ihre Zurückhaltung aufgeben, ihr Geschäftsmodell mithilfe von Kooperationen zu digitalisieren, weil sie glauben, keine Zeit dafür aufwenden zu können (oder das nicht wollen).

## Wir brauchen den digitalen Sozialstaat

**1.** Die Politik muss in den nächsten Jahren sicherstellen, dass die Zugänge zur und die Teilhabe an der digitalen Wirtschaft für alle gesichert werden. Die Einhegung und soziale Gestaltung des digitalen Kapitalismus sind dabei zentrale Hauptaufgaben. Wir brauchen endlich den digitalen Sozialstaat. In der Corona-Pandemie hat das BMAS die Jobcenter angewiesen, in der Sozialhilfe den Bedarf für digitale Endgeräte anzuerkennen. Damals war die Notwendigkeit eingesehen worden, dass auch ärmere Haushalte ihren Zugang zu Bildung und Schule in Zeiten des Distanzunterrichts aufrechterhalten müssen. Ab dem 1. Januar 2021 konnten dabei im Regelfall pro Kind bis zu 350 Euro für Geräte wie Laptops, Tablets und Zubehör geltend gemacht werden. Schaut man allerdings bei der Bürgergeldreform etwas genauer hin, erkennt man, dass diese sinnvolle Maßnahme nicht weiterentwickelt wurde. Wir brauchen aber eine digitale Grundsicherung in Deutschland. Wer hier am digitalen Leben teilhaben möchte, muss derzeit lange sparen, um mit den 40,66 Euro pro Monat, die für »andere Waren und Dienstleistungen« vorgesehen sind, ein eigenes Gerät zu finanzieren. Etwa ein Drittel der SGB-II-Bezieher:innen haben kein digitales Endgerät oder keinen Internetanschluss. Durch einen einmaligen Zuschuss in Höhe von 400 Euro und einen monatlichen Betrag für den Anschluss an die digitale Welt – die evangelische Kirche schlägt in einem Konzept 25 Euro für ein digitales Existenzminimum vor – muss der Sozialstaat digitale Teilhabe gewährleisten. Dies darf nicht nur für Bürgergeldbezieher:innen, sondern muss für alle Haushalte, die Wohngeld/Kinderzuschlag beziehen und mit ihrem Einkommen nur knapp über dem Existenzminimum liegen, gelten.

**2.** Dafür müssen wir es endlich schaffen, dass der starke digitale Sozialstaat Förderungen zielgerichtet auszahlen kann. Ein aktuelles Problem ist, dass er kaum Möglichkeiten hat, denjenigen, die Unterstützung benötigen, diese direkt zukommen zu lassen. Da bekommen alle ein bisschen Förderung, anstatt die, die viel brauchen, mehr. Hubertus Heil hat daher recht, wenn er »für die Zukunft« fordert, einen »Mechanismus von Direktzahlungen« einzuführen, »damit wir in Krisenzeiten schnell und zielgenau entlasten können« (zitiert nach: Zeit online 2023). Die Digitalisierung könnte hier – mithilfe einer digitalen Identität und digitaler Register – Möglichkeiten für sozial differenzierte Direktzahlungen an die Bürger:innen schaffen. Es wäre ein Meilenstein für die Sozialpolitik in Deutschland.

**3.** Wir brauchen eine Verbraucherschutzoffensive für Digitalisierung. Neben der individuellen Befähigung, sich vor den Übergriffen im Netz zu schützen und mit Sicherheitsrisiken richtig umzugehen, besteht das Bedürfnis nach einer stärkeren Rolle des Staates. Dark Patterns – also die gezielte Nutzung digitaler Formen durch Onlineanbieter, um ihre wirtschaftlichen Interessen auf Kosten der Nutzer:innen durchzusetzen – verlangen einen rechtlichen Rahmen und neue technische Lösungen. Mit »Alle Cookies akzeptieren« ist es nicht getan. Es gilt »das zivilgesellschaftliche Engagement gegen beeinflusste Konsumentscheidungen zu stärken« (Gertz et al. 2023: 10).

## Wir brauchen einen Zukunftspakt Digitale Infrastruktur

**1.** Deutschland hat beim digitalen Aufbruch seiner Infrastruktur Zeit verloren. Anstatt die neuen Möglichkeiten beim Breitbandausbau schnell zu nutzen, die seit Anfang 2023 existieren – nämlich seit jene berüchtigten »Aufgreifschwellen« (50 Bit/s etc.) für Privathaushalte und sozioökonomische Schwerpunkte weggefallen sind –, hat eine lange und ermüdende Diskussion über Fördermaßgaben die Vorbereitungen, die im Jahr 2022 hätten anlaufen können, verzögert. Länder und Kommunen standen bereit. Auch die Telekommunikationsunternehmen waren schon aktiv unterwegs, die eigenen Ausbauziele zu erreichen. Die nun gefundenen neuen Rahmenbedingungen sollen dafür sorgen, dass der Breitbandausbau auch in strukturschwachen Regionen beschleunigt wird, losgelöst von wirtschaftlichen Interessen. Starre Aufgreifschwellen führen da nicht weiter. Das Ziel heißt: flächendeckende Glasfaserinfrastruktur. Differenzierungen oder Priorisierungen bei der Förderung sind nicht zielführend und verlangsamen den Ausbau der Netze. Mit einem Digitalpakt für die Netzinfrastruktur sollten alle relevanten Stakeholder zusammengebracht werden: TK-Unternehmen, deren Verbände, die Kammern und sonstige Infrastrukturinhaber wie beispielsweise die Deutsche Bahn, die Autobahngesellschaft des Bundes sowie die Länder und Kommunen. Das würde den Ausbau gemeinschaftlich und im Austausch voranbringen und böte die Möglichkeit, Probleme frühzeitig zu identifizieren und Optimierungspotenziale gemeinschaftlich zu benennen. Auch zukünftig müssen die Förderprogramme finanziell gut ausgestattet sein. Die Angebote der Unternehmen, den Ausbau eigenwirtschaftlich voranzutreiben, müssen durch Förderprojekte von Kommunen weiterhin ergänzt werden, damit endlich »das Licht angeht« im flächendeckenden Glasfasernetz.

**2.** Dafür ist es unumgänglich, dass die Akteur:innen regelmäßig aktualisierte Daten über abgeschlossene und geplante Ausbaumaßnahmen erhalten, auf die sie sich verlassen können. Nur so lassen sich der geförderte und der eigenwirtschaftliche Ausbau optimal miteinander verzahnen, anstatt sich gegenseitig zu behindern. Das neue Digitale Grundbuch muss dafür verlässlicher mit Daten gefüttert werden – vor allem durch die Telekommunikationsunternehmen.

**3.** Allerdings müssen die Genehmigungsverfahren zügiger abgeschlossen werden. Die Digitalisierung des Antragsverfahrens für die Leitungsverlegung im Zuge der Umsetzung des OZG ist hierbei ein richtiger Schritt. Sie hat einen Vorbildcharakter. Doch allein dabei kann es nicht bleiben. Weitere für den Breitbandausbau relevante Verfahren müssen dringend folgen. Außerdem muss verhindert werden, dass die Telekommunikationsunternehmen doppelte Netze legen. Das nennt man »Überbau«, den es derzeit an einigen Stellen in Deutschland gibt (Heuzeroth 2023). Mitunter verlegen zwei Unternehmen »ihr« eigenes Netz an gleicher Stelle übereinander. Deswegen brauchen wir ein Überbauungsverbot und die Durchsetzung von Open Access, also der Öffnung eines Anbieternetzes für andere Anbieter. Das geht nicht ohne staatliche Regulierung, denn derzeit sichert das Telekommunikationsrecht überall den gleichberechtigten eigenwirtschaftlichen Ausbau, ohne der kommunalen Ebene – die ist in Deutschland dafür verantwortlich – Gestaltungsinstrumentarien an die Hand zu geben.

## Europäische Schritte vereinbaren, Strukturen gemeinsam sichern

**1.** Die Digitalisierung stellt neue Anforderungen an alle und es bedarf jetzt einer politischen Agenda, die die wirtschaftliche Ausgangslage Deutschlands und der EU zukunftstauglich macht. Das bedeutet nicht, sich einfach an die »Bedürfnisse« eines liberalen Kapitalismus anzupassen. Ganz im Gegenteil: Der amerikanischen *Disruption* muss die deutsche und europäische *Evolution* gegenübergestellt werden. Die Gestaltung der Digitalisierung wird so zu einem europäischen Gemeinschaftsprojekt, in das Gewerkschaften und Unternehmerverbände ihre jeweiligen Kompetenzen und Interessen einbringen. Das entspricht den Stärken unseres korporatistischen Wirtschaftsmodells. Nur mit der notwendigen gesellschaftlichen Akzeptanz kann die Digitalisierung für eine soziale Modernisierung unserer Wirtschaftsstruktur sorgen und neue Geschäftsmodelle im internationalen Wettbewerb sichern.

**2.** Eine solche Strategie beginnt bei der Verstetigung des Ausbaus der digitalen Infrastruktur. Hier droht Deutschland den Anschluss zu verlieren. Wir brauchen einen »Zukunftsinvestitionsfonds Digitalisierung«: Dieser muss finanziell gut ausgestattet und sollte primär für einen beschleunigten Breitbandausbau vor allem in den ländlichen Regionen Deutschlands eingesetzt werden.

**3.** In der Wirtschaftspolitik benötigen wir eine starke Vernetzung der digitalen Start-up-Szene, unserer etablierten Wirtschaftsstruktur und der entsprechenden Wissenschaftsakteuren. Durch die explizite Einbeziehung der Gewerkschaften bei jedem dieser Schritte besteht die Möglichkeit, technologische Verengungen im Diskurs aufzubrechen. Eine so ausgerichtete Digitalisierungspolitik gestaltet den digitalen Wandel und adaptiert nicht nur neoliberale Politikmodelle. Auf diese Weise wird die Digitalisierung zum Treiber für soziale Innovationen und eine Gesellschaftspolitik des sozialen Ausgleichs.
**4.** Der Schutz unserer digitalen Wertschöpfungsketten ist mittlerweile fast zur Staatsräson geworden. Trifft es einen Akteur hart, haben Zulieferer oder weiterverarbeitende Unternehmen oft ebenfalls ein Problem. Selten trifft es nur einen. Digitale Blackouts breiten sich aus. Daher sollte ein Programm für ein »Disaster Recovery« geschaffen und verpflichtend genutzt werden. Dann kann der Wiederherstellungsprozess nach der »digitalen Katastrophe« in den Unternehmen organisiert werden, und der Staat kann als beratende Instanz – gerne auch über die Vermittlung zu privaten Beratungsinstanzen – diese Prozesse vorschreiben. Natürlich ist dies in vielen Unternehmen bereits der Fall, aber gerade im Mittelstand, der für Deutschland so wichtig ist, fehlen an manchen Stellen noch Kompetenzen und qualifizierte Menschen. Gleichzeitig nimmt die Bedrohung zu. Unternehmen werden im Krisenfall über jegliche präventive Maßnahme dankbar sein, die ergriffen wurde. Ein solches Beratungsprogramm sollte zum Ziel haben, dass alle Unternehmen effizient auf Bedrohungen aus dem Netz reagieren können. Am Ende steht eine »Impact« Analyse: Was bedeutet eigentlich ein Angriff oder ein Ausfall aller IT-Systeme für das eigene Geschäftsmodell und -umfeld? Daran anknüpfend würde die Strategieentwicklung folgen, mit Notfallplänen, Übungen und Funktionstests. Datensicherung muss zur Pflichtaufgabe in den Unternehmen werden.
**5.** Um die Vorteile der Digitalisierung auch in Deutschland nutzen zu können, müssen sich Unternehmen stärker mit ihrer Marktposition und dem digitalen Reifegrad des eigenen Geschäfts befassen, inklusive ihres

jeweiligen Tätigkeitsumfelds. Hier braucht es mehr Eigenverantwortung, denn im Jahr 2022 hatte jedes achte Unternehmen in Deutschland noch keinen Digitalplan. Achim Berg, der Präsident des Branchenverbands Bitkom hat Recht, wenn er fordert, dass »erfolgreiche Digitalisierung nicht nur eine Frage von Technologie, Soft- und Hardware« sein dürfe. Viele Unternehmen haben erkannt, wie herausragend wichtig eine resiliente IT in diesen Zeiten ist.

# 7.
# Digitalisierung braucht Optimismus und Realismus, damit sie funktioniert

Dass wir in Deutschland wegen zu viel oder zu wenig Digitalisierung einem schleichenden Blackout entgegengehen, ist kein parteipolitisches Problem. Egal, welche politische Farbe – alle Digitalverantwortlichen sehen die gleichen Hürden und präferieren meist die gleichen Ansätze. Das ist gut und schlecht zugleich.

Gut, weil so ein gewisser Teamgeist entstanden ist: Egal, welcher politischen Couleur man angehören mag, alle ziehen in der Sache an einem Strang. So sind während der Koalitionsverhandlungen 2021 und während der Diskussion über ein OZG-Änderungsgesetz 2023 einstimmig zwei grundlegende Papiere entstanden, die die Agenda aller Digitalverantwortlichen in Deutschland umreißen. Wir haben also kein Erkenntnisproblem!

Dass wir keinen politischen Streit darüber haben, ist aber auch schlecht. Denn das bedeutet, dass die Gestaltung der Digitalisierung immer noch nur den für sie verantwortlichen Politiker:innen und Fachleuten vorbehalten ist. Wir haben aber gesehen, dass die digitale Transformation uns alle angeht. Ob wir wollen oder nicht.

Wir sehen, dass die globalen Krisen uns sehr viel Kraft und Zeit kosten. Ein »Business-as-usual« gibt es spätestens seit Februar 2022 nicht mehr. Politische Entscheidungen zwingen uns, die aktuellen Ereignisse zu berücksichtigen und einzuplanen. Viele Projekte und Themen müssen darum kämpfen, weiterhin im Bewusstsein der Öffentlichkeit zu bleiben. Dies gilt auch für die Digitalisierung. Sie darf nicht, sondern muss – gerade in diesen Zeiten – Priorität in der Politik haben.

Deswegen müssen wir die aktuellen partiellen Diskussionen über den Einsatz von Künstlicher Intelligenz (am Beispiel generativer KI wie ChatGPT) oder Augmented Reality (Metaverse) nutzen, um ein breites politisches und gesellschaftliches Bewusstsein entstehen zu lassen über die Frage, wie wir die Digitalisierung nutzen wollen. Derzeit hängen wir da mächtig hinterher. Dabei ist es aus unserer Sicht nicht ausschlaggebend, ob wir im Ranking mit anderen Ländern nun weiter vorne oder hinten liegen.

Antreiber sollte die Nutzer:innenorientierung sein: Was bringt uns die Nutzung digitaler Tools an Erleichterung? Diese Leitfrage führt mitunter weg von den eingeschlagenen Wegen. Gleichzeitig ist klar: Wer sie eigenständig beantworten möchte, muss auch in der Lage sein, zu bewerten, was passiert. Wir brauchen also Schritte zur Digitalen Souveränität. Gerade wenn ein neues Datenschutzabkommen zwischen den USA und Europa künftig neue Unsicherheiten schaffen sollte, müssen wir unsere Gesellschaft und unseren Staat resilient aufstellen, damit wir auf internationale Krisen gut reagieren können und eine Infrastruktur haben, die stressresistent ist. Wie schwer das wird, haben wir aufgezeigt. Wie viel dadurch für uns zu gewinnen ist, aber auch: Wir sichern so Freiheit und soziale Sicherheit – und unseren Wohlstand.

Das müssen wir begreifen. Wir brauchen mehr Beschäftigung mit der Digitalisierung. Mehr Menschen müssen davon überzeugt sein, dass digitale Verfahren Vorteile bringen – und diese Verfahren müssen auch wirklich Vorteile bringen. Hierzu müssen wir bereit sein, politische Strukturen zu verändern und die Entscheidungswege für den flächendeckenden Einsatz der Digitalisierung zu verändern.

Wir haben versucht aufzuzeigen, wie wir es schaffen können, unsere staatliche Verwaltung digital zu transformieren. Nur mit den richtigen beherzten Schritten verhindern wir den schleichenden Blackout und gehen mit den Herausforderungen der Digitalisierung und anderen gesellschaftlichen Herausforderungen besser um: Fachkräftesicherung, Einwanderungsdynamik, Klimawandel und soziale Gerechtigkeit. Keines dieser Megathemen wird durch die Digitalisierung gelöst. Aber der

Einsatz digitaler Lösungen hilft uns, mit ihnen besser zurecht zu kommen.

Zur Wahrheit gehört auch, dass sich Menschen durch die Digitalisierung gestresst fühlen. Die Umfragen der Initiative D 21 zeigen da ein deutliches Bild. Während der Anteil derjenigen sinkt, die meinen, von der Digitalisierung zu profitieren, stimmen immer mehr Menschen der Aussage zu, dass sie unter Digitalisierungsstress leiden (Initiative D 21 2023). Hier liegt eine große Aufgabe der Politik: Der Gegensatz zwischen denen, die Angst vor dem Wandel der Arbeitsgesellschaft haben, und denen, die die Chancen erkennen, darf nicht zu einer gesellschaftlichen Polarisierung führen. Mit den vorgeschlagenen Kompetenzschwerpunkten kann dies aus unserer Sicht vermieden und ins Positive gewendet werden.

Die Abhängigkeiten von großen Tech-Unternehmen, in denen wir uns, aber auch die Wirtschaft und Gesellschaft insgesamt befinden, müssen zumindest abgeschwächt werden. Auch neue Wege der Regulierung können wir nur dann mit Nachdruck verfolgen, wenn unser staatliches Gemeinwesen auf Augenhöhe mit den »Big-Tech«-Konzernen agieren kann. Dafür müssen wir unternehmerische Strukturen überprüfen und demokratisch einhegen, wie es zum Beispiel Star-Ökonom Daron Acemoğlu fordert (Fuster 2022). Doch dazu müssen wir unsere Projekte zu einem guten Ende bringen und den Staat digital ausstatten. Außerdem brauchen wir eine Intensivierung unserer Eigenleistungsfähigkeit, denn auch die Abhängigkeit von Beratungsunternehmen hemmt unsere digitale Souveränität (Mazzucato/Collington 2023).

Ein Blick ins europäische Ausland zeigt, wie wichtig die elektronische Identität ist, die, weil nützlich, Anklang bei den Nutzer:innen findet. Wie schmal der Grat ist zwischen Serviceorientierung und Zwang zur digitalen Nutzung staatlicher Leistungen wird deutlich, wenn man sich mit dem Beispiel Dänemark befasst. Gleichzeitig ist auch in Deutschland die Frage aktuell, ob wir eine einheitliche Identifikationsnummer ermöglichen wollen. Deswegen plädieren wir für einen gestaltenden und abwägenden Weg der Digitalisierung: Tempo und Qualität sollten sich nicht ausschließen.

Digitalisierung zu gestalten, bietet aber auch die Chance, das Projekt Europa an entscheidender Stelle wieder mit Leben zu füllen. Natürlich stehen derzeit vor allem die sicherheitspolitischen Themen auf der Agenda. Wir müssen Deutschland und Europa im Cyberraum sicher aufstellen. Den in den vergangenen Jahren immer häufigeren und massiveren Desinformationskampagnen in den sozialen Medien sollten wir mit einer europäischen Initiative begegnen und endlich selbst eine Plattformstruktur bereitstellen. Der Staat als Bereitsteller von Plattforminfrastrukturen in vielen Bereiche – Verwaltung, Information und Kommunikation – kann Digitale Souveränität schaffen und die richtige Resilienz-Antwort sein.

Dann profitiert die Gesellschaft von den digitalen Möglichkeiten und kann die negativen Tendenzen abfedern, die mit den Herausforderungen unserer Zeit einhergehen. Dafür braucht es eine Offensive zur digitalen Kompetenzgestaltung. Wir brauchen die Kraft der vielen. In den Verwaltungen, den Unternehmen und, auch und gerade, in der älteren Bevölkerung sind viele Menschen aktuell dabei, die digitalen Möglichkeiten zur Gestaltung unserer Gesellschaft zu nutzen. Diese Gestaltungslust müssen wir nutzen, für mehr und bessere Digitalisierung.

Die Einführung von iPads in Schulen ohne Konzept muss ebenso der Vergangenheit angehören, wie blindlinks aktuellen Hypes wie Blockchain oder Metaverse hinterherzulaufen. Thomas Köhler und Julia Finkeissen (2023: 147) haben recht, wenn sie dem Staat bescheinigen, dass er in digitalen Belangen wohl immer ein Nachzügler sein wird. Das ist aber auch nicht schlimm, sondern nur folgerichtig, »ganz allein deswegen, weil sie (die öffentliche Verwaltung) Services dort erbringen muss, wo die Menschen sind« – und wenn sich die Orte ändern, muss sich auch der Staat ändern. Mit Bedacht und Transparenz.

Es braucht eine realistische ermöglichende Digitalisierung. Dafür formulieren wir deutliche Anforderungen an den Staat und die Politik. Gleichzeitig zeigt sich aber, dass wir an vielen Stellen den richtigen Weg eingeschlagen haben. Wichtig ist, dass wir uns am Ende dieses Buchs noch einmal vergegenwärtigen: Sowohl durch zu wenig als auch durch zu viel Digitalisierung können wir in Blackoutszenarien geraten. Die Politik der nächsten Jahre hat die Weichen zu stellen dafür, dass wir Digitalisierung nutzen und ein angemessenes Risikomanagement für unsere Gesellschaft auf die Beine stellen können.

Wir müssen uns digital ertüchtigen: Staat, Demokratie, Gesellschaft, alle Einzelnen. Dieses Buch ist kein Weltuntergangsbuch. Es zeigt Entwicklungen, die wir im Auge behalten müssen, und Risiken, die wir bennen und steuern müssen. Gleichzeitig wollen wir keine Utopie entwickeln, die mit unrealistischem Wunschdenken aufgeladen ist. Eine europäische Lösung digitaler Abhängigkeiten und die gleichzeitige Schaffung von Redundanzen, also Mehrfachsicherungen, gegen den Blackout – so lautet das Ziel.

In den Diskussionen über die Chancen der Digitalisierung plädieren wir daher für das, was Acemoğlu »Technologischen Realismus« nennt. »Solcher Realismus anerkenne zwar den Nutzen, den die Menschheit bisher aus der Technologie gezogen habe, etwa mit Blick auf den Lebensstandard und die Lebenserwartung. Er akzeptiere aber auch, dass die Geschichte voller Beispiele sei, wie technischer Wandel zu mehr Ungleichheit führte oder zur Entwicklung verheerender Waffen oder neuartiger Formen der Ausbeutung« (Fuster 2023). Es gibt eben immer beides: Die digitale Transformation ist durch diesen Dualismus gekennzeichnet, und das muss Politik als Gestaltungsaufgabe annehmen.

# Literatur


**Agraval,** Ajay/ Gans, Joshua/ Goldfarb, Avi. 2022. Power and Prediction. The Disruptive Economics of Artificial Intelligence. Harvard.

**Bakovic,** Lazar/ Hubik, Franz/ Tyborski, Roman. 2023. Strategiewechsel bei Software. In: Handelsblatt vom 27. März 2023, S. 1, 4 und 5.

**Ballweber,** Jana. 2022. Wie die Digitalisierung klimafreundlich wird. In: Frankfurter Rundschau vom 1./2./3. Oktober 2022, S. 12.

**Beerheide,** Rebecca. 2021. Öffentlicher Gesundheitsdienst: Debatte um neue Software. Online: https://www.aerzteblatt.de/archiv/218030/Oeffentlicher-Gesundheitsdienst-Debatte-um-neue-Software [Letzter Zugriff: 29. März 2023].

**Beutelsbacher,** Stefan. 2023. Europas Datendeal mit den USA droht das Nein. In: DIE WELT vom 20. Februar 2023, S. 9.

**Bitkom.** 2023. Bundesweiter Digitaltag rückt digitale Kompetenzen in den Fokus. Online: https://www.bitkom.org/Presse/Presseinformation/Bundesweiter-Digitaltag-digitale-Kompetenzen-Fokus [Letzter Zugriff: 29. März 2023].

**Bofinger,** Peter. 2004. Wir sind besser als wir glauben. Wohlstand für alle. München.

**Bofinger,** Peter. 2008. Das Jahrzehnt der Entstaatlichung. In: WSI-Mitteilungen 7/2008, S. 351–357.

**Brunnermeier,** Markus C. 2021. Die resiliente Gesellschaft. Wie wir künftige Krisen besser meistern können. Berlin.

**Brynjolfsson,** Erik/McAffe, Andrew. 2018. The Second Machine Age. Wie die nächste digitale Revolution unser aller Leben verändern wird. München.

**Brynjolfsson,** Erik/McAffe, Andrew. 2018. Machine, Platform, Crowd. Wie wir das beste aus unserer digitalen Zukunft machen. München.

**Büchel,** Jan/ Demary, Vera/ Engels, Barbara/ Graef, Inge/ Koppel, Oliver/ Rusche, Christian. 2022. Innovationen in der Plattformökonomie. Eine ökonomische und rechtliche Analyse. Gutachten im Auftrag der Expertenkommission Forschung und Innovation (EFI). Köln.

**Bundesamt für Sicherheit in der Informationstechnik (BSI).** 2022. BSI warnt vor dem Einsatz von Kaspersky-Virenschutzprodukten. Online: https://www.bsi.bund.de/DE/Service-Navi/Presse/Pressemitteilungen/Presse2022/Presse-Archiv/220315_Kaspersky-Warnung.html [Letzter Zugriff: 29. März 2023].

**Bundeskanzleramt.** o.J. Antrag auf Gründung einer bundeseigenen Gesellschaft gemäß § 65 BHO (»Digital Transformation Team« – DTT). Online: https://media.frag-den-staat.de/files/foi/655797/anlage-1-antrag-master-konsolidiert.pdf [Letzter Zugriff: 29. März 2023].

**Bundesministerium für Arbeit und Soziales.** 2022. »Bundesinitiative Barrierefreiheit – Deutschland wird barrierefrei.« Eckpunkte. Online: https://www.bmas.de/SharedDocs/Downloads/DE/Pressemitteilungen/2022/eckpunkte-bundesinitiative-barrierefreiheit.pdf [Letzter Zugriff: 29. März 2023].

**Bundesministerium für Digitales und Verkehr (BMDV).** 2021. Bericht zum Breitbandatlas. Teil 1: Ergebnisse. (Stand Mitte 2021). Berlin.

**Bundesrechnungshof.** 2022. Bericht nach § 88 Absatz 2 BHO an das Bundesministerium für Digitales und Verkehr, das Bundesministerium des Innern und für Heimat und das Bundesministerium für Wirtschaft und Klimaschutz zur Datenstrategie der Bundesregierung. Berlin. Online: https://www.bundesrechnungshof.de/SharedDocs/Downloads/DE/Berichte/2022/datenstrategie-bundesregierung.pdf [Letzter Zugriff: 29. März 2023].

**Decker,** Frank/ Best, Volker/ Fischer, Sandra/ Küppers, Anne. 2018. Vertrauen in Demokratie. Wie zufrieden sind die Menschen in Deutschland mit Regierung, Staat und Politik? Berlin.

**Dettmers,** Sebastian. 2022. Die große Arbeiterlosigkeit. Warum eine schrumpfende Bevölkerung unseren Wohlstand bedroht und was wir dagegen tun können. München.

**DIN.** 2023. Normung und Standardisierung bei der Digitalisierung der öffentlichen Verwaltung. Whitepaper. Online: https://www.din.de/resource/blob/892574/33686a700a1d35e688b5e88c06a6a49c/whitepaper-normung-standardisierung-digitalisierung-oeffentliche-verwaltung-data.pdf [Letzter Zugriff: 29. März 2023].

**D64.** 2021. Die Login-Falle. Präsentation. Berlin.

**dpa** (über egovernment-computing.de). 2022. Die Verwaltung wird digitaler. Online: https://www.egovernment.de/die-verwaltung-wird-digitaler-a-fe524c21ac8baa1f1a875f87c0129d4a/ [Letzter Zugriff: 29. März 2023].

**dpa** (über t3n.de). 2023. ChatGPT: Jeder 4. In Deutschland kennt den KI-Chatbot. Online: https://t3n.de/news/chatgpt-chatbot-ki-umfrage-1531892/ [Letzter Zugriff: 29. März 2023].

**Falk,** Svenja und Schroeder, Wolfgang. 2022. Digitale Souveränität. Ein Narrativ des Fortschritts. Discussion Papier für das Progressive Zentrum. Berlin.

**Ford,** Martin. 2022. Herrschaft der Roboter. Wie künstliche Intelligenz alles transformieren wird – und wie wir damit umgehen können.

**Forsa.** 2019. Digitalisierungsmonitor 2019. Berlin.

**Forsa.** 2020. Digitalisierungsmonitor 2020. Ergebnisse einer repräsentativen Bevölkerungsbefragung im Auftrag der Fraktion der Freien Demokraten im Deutschen Bundestag. Berlin.

**Forsa.** 2021. Digitalisierungsmonitor 2021. Ergebnisse einer repräsentativen Bevölkerungsbefragung im Auftrag der Fraktion der Freien Demokraten im Deutschen Bundestag. Berlin.

**Frey,** Carl Benedikt/ Osborne, Michael A. 2013. The future of employment? How susceptible are jobs to computerisation? Oxford.

**Friesike,** Sascha/ Sprondel, Johanna. 2022. Träge Transformation. Welche Denkfehler den digitalen Wandel blockieren. Stuttgart.

**Funke,** Corinna. 2022. Digitization, fast and slow. Comparing the creation of digital public services in Denmark, France and Germany. EUI PhD Thesis. Online: https://cadmus.eui.eu/bitstream/handle/1814/74971/Funke_2022_SPSRevC.pdf [Letzter Zugriff: 29. März 2023].

**Fuster,** Thomas. 2023. Star-Ökonom Daron Acemoğlu: »Technologieriesen wie Google sollten zerschlagen werden«. Online: https://www.nzz.ch/wirtschaft/star-oekonom-daron-acemoglu-technologieriesen-wie-google-sollten-zerschlagen-werden-ld.1726237 [Letzter Zugriff: 29. März 2023].

**Gertz,** Michael/ Martini, Mario/ Seeliger, Paul/ Timko, Christina. 2023. Dark Patterns – eine interdisziplinäre Analyse. LTZ 1/2023. S. 3–10.

**Grüner,** Sebastian. 2022. Verwaltung der Ukraine physisch in Amazon-Cloud übertragen. Online: https://www.golem.de/news/aws-verwaltung-der-ukraine-physisch-in-amazon-cloud-uebertragen-2212-170659.html [Letzter Zugriff: 29. März 2023].

**Habermas,** Jürgen. 2022. Ein neuer Strukturwandel der Öffentlichkeit und die deliberative Politik. Berlin.

**Hassel,** Anke. 2021. Eine moderne Verwaltung ist Voraussetzung für Deutschlands Zukunftsfähigkeit und Demokratie – Acht Handlungsfelder für die nächste Bundesregierung. Berlin.

**Heine,** Moreen/ Kuhn, Peter. 2022. OZG 2.0: Zeit für die Infrastruktur. Online: https://background.tagesspiegel.de/digitalisierung/ozg-2-0-zeit-fuer-die-infrastruktur [Letzter Zugriff: 29. März 2023].

**Hermes,** Krauß, Lergetporer, Peter, Wiederhold, Early Child Care and Labor of Lower-SES Mothers: A Randomized Controlled Trial, München 2022, https://www.cesifo.org/en/publications/2022/working-paper/early-child-care-and-labor-supply-lower-ses-mothers-randomized [Letzter Zugriff: 29. März 2023].

**Heuzeroth,** Thomas. 2023. Doppeltes Netz im Boden. In: Welt am Sonntag vom 5. Februar 2023, S. 22.

**Hickel,** Rudolf. 1998. Standort-Wahn und Euro-Angst. Die sieben Irrtümer der deutschen Wirtschaftspolitik. Reinbeck.

**Hillje,** Johannes. 2019. Plattform Europa. Warum wir schlecht über die EU reden und wie wir den Nationalismus mit einem neuen digitalen Netzwerk überwinden können. Bonn.

**Holler,** Franziska/ Schuster, Ferdinand. 2021. Verwaltung digital – doch wer macht's? In: Institut für den öffentlichen Sektor (Hrsg.). Public Governance. Zeitschrift für öffentliches Management. Ausgabe Frühjahr 2021. Berlin, S. 6–11.

**Init.** 2022. Ende-zu-Ende-Plattformen. Booster für die Verwaltungsdigitalisierung. Berlin. Online: https://www.init.de/thema/whitepaper-ende-zu-ende-plattformen [Letzter Zugriff: 29. März 2023].

**Jakobs,** Hans-Jürgen. 2022. Das Monopol im 21. Jahrhundert. Wie private Unternehmen und staatliche Konzerne unseren Wohlstand zerstören. München.

**Keller,** Markus. 2022. Eine Standardfabrik als Grundlage für eine funktionierende digitale Verwaltung. Online: https://www.it-planungsrat.de/fileadmin/it-planungsrat/der-it-planungsrat/fachkongress/fachkongress_2022/S3_Tag2_Keller_Standardfabrik-.pdf [Letzter Zugriff: 29. März 2023].

**Kelber,** Ulrich. 2023. Digitalisierung und Datenschutz: Schluss mit Ausreden! Online: https://netzpolitik.org/2023/digitalisierung-und-datenschutz-schluss-mit-ausreden/ [Letzter Zugriff: 29. März 2023].

**Köhler,** Thomas R./ Fineissen, Julia. 2023. Chefsache Metaverse. NFT, Blockchain, AR, VR: So steuern Sie sicher durchs Web3. Frankfurt am Main.

**Kompetenzzentrum Öffentliche Informationstechnologie (ÖFIT).** 2017. Digitale Souveränität. Berlin.

**Kottmann,** Nils. 2022. TikTok spioniert seine Nutzer aus. Online: https://www.bild.de/politik/ausland/politik-ausland/tiktok-spioniert-seine-nutzer-aus-bytedance-gibt-skandal-zu-82343616.bild.html [Letzter Zugriff: 29. März 2023].

**Krämer,** Hagen. 2019. Digitalisierung, Monopolbildung und wirtschaftliche Ungleichheit. In: Wirtschaftsdienst. 99. Jahrgang. Januar 2019. Heft 1, S. 47–52.

**Kuhn,** Peter. 2022. Die föderale IT-Infrastruktur und das OZG 2.0 – how to make it work. Online: https://piazza-konferenz.de/2022/10/05/die-foderale-it-infrastruktur-und-das-ozg-2-0/ [Letzter Zugriff: 29. März 2023].

**Leif,** Thomas. 2006. Beraten und verkauft. McKinsey & Co – der große Bluff der Unternehmensberater. München.

**Mazzucato,** Mariana/ Collington, Rosie H. 2023. Die große Consulting-Show. Wie die Beratungsbranche unsere Unternehmen schwächt, den Staat unterwandert und die Wirtschaft vereinnahmt. Frankfurt am Main.

**Martini,** Mario. 2019. Blackbox Algorithmus – Grundfragen einer Regulierung künstlicher Intelligenz. Heidelberg.

**McKinsey & Company,** 2023, Action, bitte! Wie der öffentliche Sektor den Mangel an digitalen Fachkräften meistern kann. https://www.mckinsey.de/~/media/mckinsey/locations/europe%20and%20middle%20east/deutschland/publikationen/2023-01-25%20it%20talent%20im%20public%20sector/action%20bittemckinsey.pdf [Letzter Zugriff: 29. März 2023].

**Menhard,** Esther. 2022. Entscheidende Standards fehlen noch immer. Online: https://netzpolitik.org/2022/reform-des-onlinezugangsgesetzes-entscheidende-standards-fehlen-noch-immer/ [Letzter Zugriff: 29. März 2023].

**Microsoft.** 2022. Special Report: Ukraine. An overview of Russia's cyberattack activity in Ukraine. o. O.

**Mielke,** Gerd/ Ruhose, Fedor. 2021. Zwischen Selbstaufgabe und Selbstfindung. Wo steht die SPD? Bonn.

**Monopolkommission.** 2021. Wettbewerb in regulierten Sektoren stärken – Empfehlungen für die neue Legislaturperiode, Bonn.

**Nationaler Normenkontrollrat.** 2021. Initiative Leistungsfähige Verwaltung – Zukunftsfester Staat. Empfehlungen für eine nachhaltige Modernisierung – in der Krise, wie im Alltag. Berlin.

**Nida-Rümelin,** Julian. 2021. Demokratie in der Krise. Ein Weckruf zur Erneuerung im Angesicht der Pandemie. Hamburg.

**Nordenbrock,** Kay. 2022. Digitale Blockchain-Schulzeugnisse gescheitert, bevor sie richtig gestartet sind. Online: https://t3n.de/news/digitale-schulzeugnisse-blockchain-gescheitert-1489113/ [Letzter Zugriff: 29. März 2023].

**Noveck,** Beth. 2009. Wiki Government. How Technologx can make Government better, Democracy stronger, and Citizens more powerful. Wahsington D.C.

**Olbrisch,** Miriam. 2022. Digitalisierung? War da was? Online: https://www.spiegel.de/panorama/bildung/lernen-nach-corona-digitalisierung-war-da-was-a-b9409e2b-eff2-40db-9fc1-1faa52c5b508 [Letzter Zugriff: 29. März 2023].

**Rahner,** Sven. Amartya Sens Befähigungsansatz: Kompass für gutes Regieren? In: Friedrich-Ebert-Stiftung (Hrsg.). 2014. Was macht ein gutes Leben aus? Der Capability Approach im Fortschrittsforum, S. 20–28.

**Rat der Europäischen Union.** 2018. Empfehlung des Rates vom 22. Mai 2018 zu Schlüsselkompetenzen für lebenslanges Lernen (Text von Bedeutung für den EWR). (2018/C 189/01). Online: https://eur-lex.europa.eu/legal-content/DE/TXT/PDF/?uri=CELEX:32018H0604(01)&from=SV [Letzter Zugriff: 29. März 2023].

**Rieger,** Frank. 2022. Für mehr und bessere Filterblasen. Online: https://steadyhq.com/en/realitatsabzweig/posts/73370e13-c618-486a-93c5-0d41a32a55f9 [Letzter Zugriff: 29. März 2023].

**Ries,** Eric. 2014.Lean-Startup. Schnell, risikolos und erfolgreich Unternehmen gründen. München.

**Ries,** Eric. The Startup Way. Das Toolkit für das 21. Jahrhundert, mit dem jedes Unternehmen erfolgreich sein kann.

**Robinson,** Alan G./Schroeder, Dean M. 2022. Practical Innovation in Government. How front-line Leaders are transforming Public-Sector Organizations. Oakland.

**Ruhose,** Fedor. 2014. Der Befähigungsansatz in der Arbeitsmarkt- und Sozialpolitik – das Beispiel Rheinland-Pfalz. In: Friedrich-Ebert-Stiftung (Hrsg.). 2014. Was macht ein gutes Leben aus? Der Capability Approach im Fortschrittsforum, S. 58–64.

**Schirrmacher,** Frank (Hrsg.). 2015. Technologischer Totalitarismus. Eine Debatte. Berlin.

**Schleyer,** Rudolf. 2022. Wie Digitalpläne an analogen Brandmauern zerschellen. In: Frankfurter Allgemeine Zeitung vom 24. November 2022, S. 18. Auch online: https://www.vdz.org/digitalisierung-der-verwaltung/wie-digitalplaene-analogen-brandmauern-zerschellen [Letzter Zugriff: 29. März 2023].

**Schroeder,** Wolfgang. 2018. Industrie 4.0 als innovatives Arrangement zur Weiterentwicklung der Sozialen Marktwirtschaft. In: Bertelsmann Stiftung/ Das Progressive Zentrum (Hrsg.). Soziale Marktwirtschaft: All inclusive? Band 5: Industrie. Gütersloh, S. 16–41.

**Sen,** Amartya. 2000. Ökonomie für den Menschen: Wege zu Gerechtigkeit und Solidarität in der Marktwirtschaft. München.

**Sen,** Amartya. 2012. Die Idee der Gerechtigkeit. München.

**Simanowski,** Robert. 2022. »Die Hoffnung auf Demokratisierung durch Technik ist blauäugig«. Online: https://www.bpb.de/lernen/digitale-bildung/politische-bildung-in-einer-digitalen-welt/506216/die-hoffnung-auf-demokratisierung-durch-technik-ist-blauaeugig/ [Letzter Zugriff: 29. März 2023].

**Simons,** Judith. 2023. »ChatGPT versteht nicht, es simuliert nur Sprache«. Interview mit Lisa Berins. In: Frankfurter Rundschau vom 1. Februar 2023, S. 26–27.

**Sinn,** Hans-Werner. 2003. Ist Deutschland noch zu retten? München.

**Shapiro,** Carl/ Varian, Hal. 1999. Online zum Erfolg. Strategie für das Internet-Business. München.

**Sommer,** Hanna/ Krellmann, Anika. 2022. Dresdner Forderungen konkret – Bausteine zur Neuausrichtung einer digitalen Verwaltung. Online: https://www.it-planungsrat.de/fileadmin/it-planungsrat/der-it-planungsrat/fachkongress/fachkongress_2022/S1_Tag2_Krellmann_Sommer_Dresdner_Forderungen-NEU-.pdf [Letzter Zugriff: 29. März 2023].

**Steinbrecher,** Wolfgang. 2023. Wie können wir in der Digitalisierung schneller werden? Der Front-line-Ansatz. Online: https://agile-verwaltung.org/2023/01/30/wie-konnen-wir-in-der-digitalisierung-schneller-werden-der-front-line-ansatz/ [Letzter Zugriff: 29. März 2023].

**Steppich,** Günter. 2022. Nur ein Pfund mehr im Ranzen? In: Wiesbadener Kurier vom 9. Dezember 2022, S. 10.

**Steevens,** Philipp. 2022. Schnellere E-Mail-Antworten vom Amt: die Automatisierung der Arbeitsagentur. Online: https://www.heise.de/news/Schnellere-E-Mail-Antworten-vom-Amt-die-Automatisierung-der-Arbeitsagentur-7285333.html [Letzter Zugriff: 29. März 2023].

**Spiegel.de.** 2022. Deutschland setzt bei 5G verstärkt auf Huawei-Technik. Online: https://www.spiegel.de/wirtschaft/5g-deutschland-setzt-verstaerkt-auf-huawei-technik-a-9e272b10-fa73-4c0b-855f-20fc1224e789 [Letzter Zugriff: 29. März 2023].

**Spilker,** Isabell. 2020. Kontaktpersonen digital und effizient nachverfolgen. https://www.helmholtz.de/newsroom/artikel/kontaktpersonen-digital-und-effizient-nachverfolgen/ [Letzter Zugriff: 29. März 2023].

**Strand** Consult. 2022. The Market for 5G RAN in Europe: Share of Chinese and Non-Chinese Vendors in 31 European Countries. Online: https://strandconsult.dk/the-market-for-5g-ran-in-europe-share-of-chinese-and-non-chinese-vendors-in-31-european-countries/ [Letzter Zugriff: 29. März 2023].

**Strittmatter,** Kai. 2018. Die Neuerfindung der Diktatur. Wie China den digitalen Überwachungsstaat aufbaut und uns damit herausfordert. München.

**Thiel,** Thorsten. 2021. Demokratie in Zeiten der Digitalisierung. Online: https://www.bpb.de/lernen/digitale-bildung/politische-bildung-in-einer-digitalen-welt/325148/demokratie-in-zeiten-der-digitalisierung/ [Letzter Zugriff: 29. März 2023].

**Tooze,** Adam. 2018. Crashed. Wie zehn Jahre Finanzkrise die Welt verändert haben. München.

**Volkert,** Jürgen/ Arndt, Christian/Dann, Sabine/Kleimann, Rolf/Strotmann, Harald. 2006. Das Konzept der Verwirklichungschancen (A. Sen) – Empirische Operationalisierung im Rahmen der Armuts- und Reichtumsmessung, Machbarkeitsstudie. Endbericht an das Bundesministerium für Arbeit und Soziales., Tübingen.

**White,** Molly. 2022. Stellungnahme für die öffentliche Anhörung zum Thema »Web 3.0 und Metaverse«. Ausschuss für Digitales. Deutscher Bundestags. Online: https://www.bundestag.de/resource/blob/926646/2eb3f0df347989bf6af3c04edc953331/Stellungnahme-White-Deutsch-data.pdf [Letzter Zugriff: 29. März 2023].

**Wiebe,** Frank. 2023. Der digitale Euro hat keinen Sinn. In: Handelsblatt vom 14. Februar 2023, S. 17.

**Wittmann,** Lilith. 2022. Stellungnahme zum Fragenkatalog des Ausschusses für Digitales in der Sache »Web 3.0 und Metaverse«. Ausschuss für Digitales. Deutscher Bundestags. Online: https://www.bundestag.de/resource/blob/926420/fe19d8b8a49a11bc7e05e1700b52403c/Stellungnahme-Wittmann-data.pdf [Letzter Zugriff: 29. März 2023].

**Wittstock,** Uli. 2022. Die große Panne: Warum das Online-Zugangsgesetz gescheitert ist. Online: https://www-mdr-de.cdn.ampproject.org/c/s/www.mdr.de/nachrichten/sachsen-anhalt/online-zugangsgesetz-gescheitert-100~amp.html [Letzter Zugriff: 29. März 2023].

**Zeit online.** 2023. Hubertus Heil plädiert für »sozial differenzierte Direktzahlungen«. Online: https://www.zeit.de/politik/deutschland/2023-01/sozialpolitik-hubertus-heil-direktzahlungen [Letzter Zugriff: 29. März 2023].